JN092543

いまさら他人に聞けない！

図解でわかる
AI
いちばん最初に
読む本

中小企業診断士
佐々裕一
Sasa Hirokazu

アニモ出版

はじめに

　「ＡＩ」（人工知能）は、非常に難しいもの、専門家でないと理解できないし彼らが研究しているもの、もしくはＳＦ（サイエンス・フィクション）の世界において小説、映画に出てくるもの、などなど、一般の人たちには理解できない難しいもの、私たちには関係のないもの、と皆さんは考えているのではないでしょうか。

　ところが、Google、Apple、Facebook（Meta）、Amazon、MicrosoftなどのGAFAMに代表されるビッグテック（大手テクノロジー企業）は、近年、汎用ＡＩ（汎用人工知能）を開発しようと激しい競争を展開してきました。そして、2022年に「生成ＡＩ」というものを公開しました。

　いろいろな見解・意見はあるのですが、生成ＡＩは汎用ＡＩの原始的なモデルである、という専門家の見解があり、私はその見解に100％賛成です。

　そうです。小説・映画の世界に出てくるようなＡＩ、汎用ＡＩが生まれる入口に人類は、いま、立っているのです。

　汎用ＡＩは、人類に革命的な利便性（ＡＩの技術的なことを知らなくても誰もが利用できるＡＩです）をもたらすと同時に、大きなリスクをもたらす危険性があります。

　コンピュータ、ＰＣ、インターネット、スマートフォン、ＳＮＳなどもそうですが、ＡＩを使いたい人も、使いたくない人も、これからの社会生活や人生、会社などにおけるビジネスに

おいて、ＡＩの影響を受けることは間違いありません。

　なお、本書のなかでも、ＡＩの課題やリスクについて、取り上げていますが、現在、生成ＡＩの開発、普及が急速に進行している一方で、その誤用や悪意のある利用に対する倫理的なガイドラインや法規制などの整備が遅れています。

　そのため、国際的に生成ＡＩなどによる偽情報拡散や犯罪悪用のリスクへの対応が叫ばれており、各国において法規制が進みつつあります。

　そこで、生成ＡＩによる偽情報と法規制の状況などについては、十分な注意を払う必要があります。

　本書では、読者の方に、いわゆる文系、理系の枠を超えて、いま、世界で起きていること、ＡＩについての基本的なことを理解してもらい、いやおうなく到来するであろう、社会変革に対してどのように対応・適応していくか、自分自身で考えて、その答えを準備していただけるようになる、きっかけになればと考えています。

　少しでも本書を手にとられた読者の方の手助けになれば、著者にとっては、大変な喜びです。

　2024年5月　　　　　　　　中小企業診断士　佐々　裕一

本書の内容は、2024年5月20日現在の情報等にもとづいています。

3章 ＡＩの将来性と課題・リスクとは

4章 ＡＩの基本技術を理解しておこう

COLUMN

5章

生成ＡＩで何ができるのか

6章 ChatGPTの活用のしかた

COLUMN

7章
AIによる社会変革はどのようなものになるのか

8章
進化するＡＩと未来社会を予測すると

🫖 **Breaktime** （章末コラム）

COLUMN

カバーデザイン◎水野敬一
本文ＤＴＰ＆図版◎伊藤加寿美（一企画）

1章

これだけは知っておきたい
ＡＩの基礎知識

　1章では、ＡＩの基礎知識として、ＡＩの定義
や歴史、分野、技術などについて説明します。
ＡＩの基本的な概念を理解することで、ＡＩの
応用や将来性についても理解しやすくなります。

ＡＩの定義

ＡＩとは

「ＡＩ」とは、Artificial Intelligence（アーティフィシャル・インテリジェンス）の略称で「**人工知能**」と和訳されます。つまり、人工的につくられた知能ということです。

　一般的にＡＩは、コンピュータプログラムとしてコンピュータ上で動作します。したがって、ＡＩとは、**人間の知能を模倣し、学習・認識・推論・判断などの能力をコンピュータ上で実現する技術**のことといえます。

　ＡＩ搭載コンピュータを機械・ロボットなどの頭脳にすれば、知的な機械・ロボットとなります。

　ＡＩの対義語は、Nature Intelligence（ネイチャー・インテリジェンス）で「**自然知能**」と和訳されます。これは、人間や動物などの自然が生み出した知能のことをいいます。

　しかし、ＡＩ（人工知能）の定義という面においては、さまざまな分野の専門家や組織で、ＡＩの定義、解釈が異なっていて、統一的な「ＡＩの定義」は、存在していないのが現状です。

自然知能をコンピュータ上に再現したもの

　日本では、一般社団法人人工知能学会（ＪＳＡＩ）が、ＡＩを「知的な機械、特に知的なコンピュータプログラムをつくる科学と技術」と説明しています。

　一方で、日本の大学などの主な研究者ごとに、「ＡＩの定義」は異なっている状況にあります。その理由としては、「『知能』の定義がない（もしくは、統一的な知能の定義がない）」ということから、人工的な知能を定義することもまた困難であると

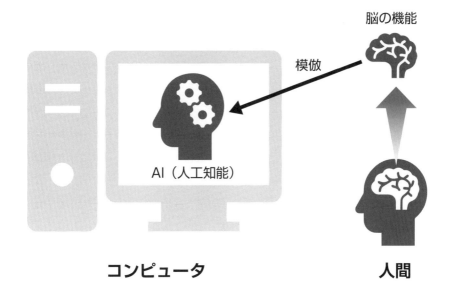

◎図解・AIの定義◎

脳の機能

模倣

AI（人工知能）

コンピュータ　　　　人間

いう事情があげられます。

　米国では、AIは「人間の脳の認知・判断などの機能を、人間の脳とは異なるしくみで実現する技術」という人間の脳の代替に近いイメージも浸透しています。

　そこで私としての「AIの定義」は、米国に浸透しているイメージに近いもので、「NI（自然知能）をコンピュータ上に再現したもの」「人間のような知能をもったコンピュータ」と考えています。

AIの歴史

AI 第1次ブームから第4次ブームへ

　1956年、米国のダートマス大学で開催されたダートマス会議（正式には「The Dartmouth Summer Research Project on Artificial Intelligence」）で、ジョン・マッカーシー（John MaCarthy）教授により「Artificial Intelligence（人工知能）」という言葉が使われました。

　そして、アレン・ニューウェル（Allen Newell）氏、ハーバート・サイモン（Herbert Simon）氏は、初めての人工知能プログラムといわれるロジック・セオリスト（Logic Theorist）のデモンストレーションを行ないました。

　これは、数学の定理の証明を自動的に生成することができた最初のコンピュータプログラムであり、「プリンキピア・マテマティカ」（Principia Mathematica：数学原理）にある定理などを証明してみせました。

　ロジック・セオリストは、探索木による探索を行なったこと、指数的に探索空間が広がっていくのを防ぐ手段としての「ヒューリスティクス」の考えを取り入れたこと、コンピュータが記号的な推論を行なうための言語としてプログラミング言語ＩＰＬ（Information Processing Language）を開発し、その記号的リスト処理はＬＩＳＰの基盤として採用されたことなど、ＡＩ研究の中核となるいくつかの概念や技術を生み出しました。

　ちなみに、ヒューリスティクスとは、簡略化した方法で正解に近い答えを導き出す方法のことです。

　その後、第1次人工知能ブーム（1950年代後半〜1960年代）、

◎AIの歴史、技術、トピックス◎

年代	状況	主な技術	トピックス
1950年代	第1次人工知能ブーム（探索と推論）	・探索と推論 ・自然言語処理	・チューリングテストの提唱（1950年） ・ダートマス会議でAI（人工知能）という言葉が登場（1956年） ・パーセプトロンの考案（1958年）
1960年代		・ニューラルネットワーク	・人工対話システムELIZA（イライザ）開発（1964年〜1966年）
1970年代	冬の時代	・遺伝的アルゴリズム ・エキスパートシステム	・初のエキスパートシステムMYCIN開発（1972年） ・MYCINの知識表現と推論を一般化したEMYCIN開発（1979年）
1980年代	第2次人工知能ブーム（知識表現）	・知識ベース ・音声認識	・第5世代コンピュータプロジェクト（1982年〜1992年） ・知識記述のCyc（サイク）プロジェクト開始（1984年） ・誤差逆伝搬法の発表（1986年）
1990年代	冬の時代	・データマイニング ・オントロジー／知識表現	・IBMのディープブルーがチェスの世界チャンピオンに勝利（1997年） ・Internet of Things（IoT）の用語を初めて使用（1999年）
2000年代	第3次人工知能ブーム（ディープラーニング）	・機械学習 ・ディープラーニング	・ディープラーニングの提唱（2006年）
2010年代		・大規模言語モデル	・画像データから特徴量を抽出し「猫」を特定（2012年） ・Googleが新しい言語モデルBERTを発表（2018年）
2020年代	第4次人工知能ブーム（生成AI）	・生成AI	・CompVisグループがStable Diffusionを公開（2022年8月） ・OpenAIがChatGPTを公開（2022年11月） ・GoogleがBardを公開（2023年3月）

第2次人工知能ブーム（1980年代）、第3次人工知能ブーム（2000年代〜2010年代）があり、そして2022年以降、ChatGPTなどの「**生成AI**」の登場により、専門的な知識がなくても活用できる生成AIが世界中で急速に普及し始めていて、まさに第4次AIブームの胎動となっています。

第1次AIブーム
(1950年代後半〜1960年代)

AI チャットボットの起源となったソフトウェア登場

コンピュータを使用して、「探索」と「推論」、「自然言語処理」が可能になり、特定の問題に対しての解答を導き出せるようになったことが、第1次ブームの要因です。

その頃はコンピュータの黎明期であり、メインフレームコンピュータが主流で、1950年に世界最初の商用コンピュータUNIVAC Iが登場し、1964年にIBMが汎用コンピュータとして大成功を収めるSystem/360を発表したという時代でした。

米国では政府や企業がAI研究に資金を提供し、多くのプロジェクトが進行しました。特に、言語処理、ゲームプレイ、特定問題の解決などに焦点が当てられました。

しかし、1970年代に入ると、AIの進展が期待されたほど進まず、予測された成果が得られなかったことから、AIへの関心や資金の提供が低下しました。これは、さまざまな要因が複雑にからみ合っているような現実社会の課題解決には、コンピュータ性能の限界なども含めて現状では対応できないことが判明したためで、1970年代には一転して冬の時代(停滞期)を迎えてしまいました。

その頃の有名なシステムに、1964年から1966年にかけてMIT(マサチューセッツ工科大学)のジョセフ・ワイゼンバウム(Joseph Weizenbaum)氏が開発した人工対話システムELIZA(イライザ)があります。ELIZAは、初期の自然言語処理プログラムの1つであり、対話型(インタラクティブ)で、文章によりコミュニケーションをするシステムでした。

人工対話システムELIZA（イライザ）

```
Welcome to

    EEEEE   L        IIIII   ZZZZZ   AAA
    E       L          I        Z    A   A
    EEEEE   L          I       Z     A   A
    E       L          I      Z      AAAAA
    EEEEE   LLLLL    IIIII   ZZZZZ   A     A

ELIZA>What do you want to talk about ?
USER>Can I talk about my problem ?
ELIZA>Sure !
USER>I have a severe headache.
ELIZA>Do you have any concerns ?
```

進化

チャットボット

```
Chatbot＞こんにちは！
User  ＞こんにちは！
Chatbot＞何かご用ですか？
User  ＞貴社製品のスマートスピーカーについて知りたい
のですが？
Chatbot＞当社製品のスマートスピーカーには、「AIアシスタ
ント」があります。「AIアシスタント」の特長は、音声によ
るコミュニケーションが可能であると共に、高性能なオーデ
ィオシステムを搭載していて、非常に美しい音楽を再生でき
ます。また、Bluetoothにより貴殿所有の携帯音楽再生デバ
イスとの連動が可能です。さらに、インターネットを介して、
さまざまな検索が行なえ、その結果を知ることができます。
```

　ELIZAは特定の言葉や文脈に対して反応する単純なパターンマッチング手法を使用し、簡単な質問や応答を行なうことができました。主に心理療法の対話を模倣することに焦点を当て、ユーザーが自分の感情や思考について話すことで、それに応じた返答を行なうことができました。これは、いわゆるチャットボットの起源となったソフトウェアです。

04 第2次AIブーム (1980年代)

🅰️ エキスパートシステムの誕生

　「エキスパートシステム」の誕生により、「知識表現」が可能になり、専門分野の知識を取り込んだうえで「推論」することで、その分野の専門家のように振る舞うことができると考えられたことが、第2次ブームの要因です。

　エキスパートシステムは、「もし○○だったら××、それ以外△△」というようなルール群で知識を構成しているAIであり、あらかじめ専門家が考え得る限りの状況を予測して対処方法や判断を用意することで機能します。ルールが多ければ多いほど正確性は向上するのですが、必要となる情報はすべて人手で記述し、コンピュータに入力、理解させなければならず、実際に活用できるのは特定の領域の情報に限定されたものばかりでした。このように、活用できる知識量に限界が見えたこと、1990年代初頭になると実用的な成功事例も乏しくなり、1995年頃から再び冬の時代を迎えました。

　この時期、日本では人工知能コンピュータの開発を目的に、1982年から1992年にかけて通商産業省（現経済産業省）所管の新世代コンピュータ技術開発機構（ICOT）による国家プロジェクト、第5世代コンピュータプロジェクトが実施されました。ハードウェアとしては、ＰＳＩ（Personal Sequential Inference Machine：シングルユーザー向けの逐次推論マシン（3段論法的推論））、ＰＩＭ（Parallel Inference Machine：並列推論マシン）など並列推論マシンのさまざまなモデル、ソフトウェアとしては、専用オペレーティングシステムとProlog

◎エキスパートシステム◎

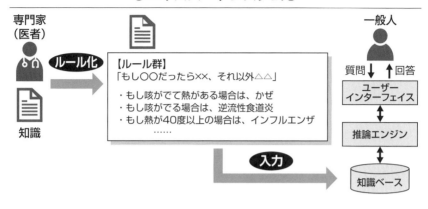

◎第５世代コンピュータプロジェクト◎

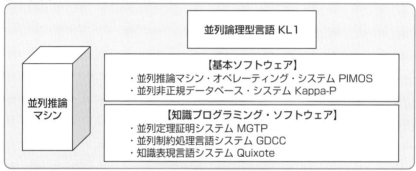

をベースとした独自の並行論理プログラミング言語KL1が開発され、実際に動作しました。

しかしその後、産業分野や学術分野への具体的な活用方法、つまり一般市場向けのアプリケーションを創造することができなかったため、第５世代コンピュータは世の中に広まることなく幕を閉じることになりました。

05 第3次AIブーム （2000年代〜2010年代）

(AI) 画像認識、音声認識の実用化

　「ビッグデータ」と呼ばれているような大量のデータから、AI自身が知識を獲得する「**機械学習**」の実用化が進んだこと、知識を定義する要素（特徴量）をAIが自ら習得する「**ディープラーニング**」（**深層学習**）が提唱されたことが、第3次ブームの要因です。

　特徴量とは、ある対象を認識する際に注目すべき特徴は何かを定量的に表わすことで、ディープラーニング以前は人間の手で特徴量を設計していましたが、ディープラーニングによって画像認識や音声認識などでコンピュータが自ら特徴量をつくりだすことが可能となりました。これにより、画像認識、音声認識、自然言語処理の技術や精度が大幅に向上したことで、さまざまな分野において実用化が図られています。

　実用化の具体例としては、画像認識を活用した、指紋認証、顔認証、自動運転、医療画像解析、製造業での製品の欠陥検出、小売業での商品・顧客認識、農業での作物の病害虫検出など、音声認識を活用した、音声アシスタント、音声コマンド認識、音声ベースの自動応答システム、言語学習・発音向上サポート、音声認証などがあげられます。自然言語処理の活用ということでは、次の項で述べる「生成AI」があります。

　なお、特徴量、機械学習、ディープラーニング（深層学習）などについては、「AIの基本技術」として、4章で詳しく説明します。

　具体的な製品としては、スマートロック、先進運転支援シス

◎画像認識、音声認識の実用化例◎

機械学習・ディープラーニング（深層学習）

実用化 ⬇

【画像認識】

指紋認証

顔認証

自動運転

医療画像解析

製品の欠陥検出

商品・顧客認識

作物の病害虫検出

【音声認識】

音声
アシスタント

音声コマンド
認識

音声ベースの
自動応答システム

言語学習・
発音向上サポート

音声認証

テム（Advanced Driver Assistance System：ＡＤＡＳ）、製品の外観検査システム、カメラによる店舗分析システム、ドローンによるピンポイント農薬散布、スマートスピーカー、自動音声応答システム、英会話アプリ、チャットボットなどがあげられます。

06 第４次ＡＩブームの胎動 （2022年以降）

(AI) 生成ＡＩの登場

　ＡＩのなかで、人の指示や質問に応じて、文章や画像などをつくることができるものを「**生成ＡＩ**」といいます。「自然言語処理」において、大規模言語モデル（Large Language Model：ＬＬＭ）が提唱され、文章の翻訳と生成機能の大幅な精度の向上が図られました。

　私も海外の論文などを理解するためにGoogle翻訳などのWeb上の翻訳システムを使用するのですが、ある時期から翻訳の精度が非常によくなり、意味を把握するための人手による修正・翻訳がほぼ必要なくなったという感触を得ています。たぶん、大規模言語モデルが実装され始めたからではないかと推測しています。

　「生成ＡＩ」は、この大規模言語モデルの技術をベースにしています。

(AI) ChatGPT が爆発的に普及

　文章をつくる生成ＡＩとして、ＯｐｅｎＡＩが開発した「**ChatGPT**」やGoogleが開発した「**Bard**」（バード）などがあります。ChatGPTは、2022年11月末にＯｐｅｎＡＩが公開後、世界中で爆発的に普及を続けています。

　専門的な知識がなくても、自然言語、つまり人間がふだん話す言語でＡＩとコミュニケーションができる点が特徴で、ChatGPTをさまざまな分野に活用する試みが、現在、行なわれています。

　たとえば、国の省庁、都道府県庁や区市役所などの役所にお

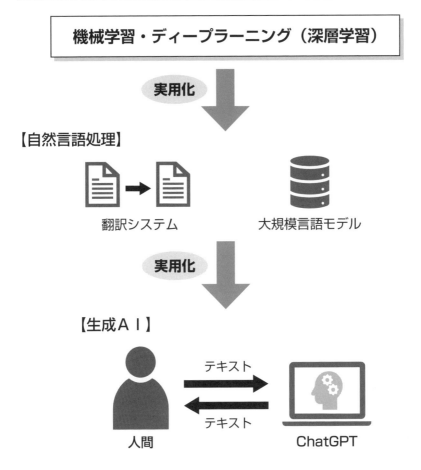

いては、情報収集・情報発信と多言語化、行政文書作成などに活用され、企業においては、さまざまな業務プロセスの効率化などに、また、個人としても職務、学習、趣味など、活用することができる分野は多岐にわたります。

　このような「生成ＡＩ」は、今後、社会、人生、ビジネスに大きな影響を及ぼしていくと考えられます。

07 AIの分野

AI AIが活用できる分野は非常に幅広い

　AIは、多岐にわたる分野で、研究、開発、応用が行なわれています。意識や脳の構造・働きなどの研究、最近の認知科学・計算論的神経科学など、そして現在までに開発・活用された具体的な技術まで、AIの分野は、非常に幅広く、さまざまな分野が考えられます。したがって、ここでは、特定の切り口により、AIの分野を考えてみたいと思います。

　たとえば、人間の五感と脳の機能を模倣するという面でAIの分野を考えると、視覚を模倣するための「画像認識」、聴覚を模倣するための「音声認識」、さらに触覚、嗅覚、味覚を模倣するための「触覚認識」「嗅覚認識」「味覚認識」などがあります。

　そして、コミュニケーションのための言語を認識する「自然言語処理」、さらに、記憶や思考などの認知機能と脳内ネットワークの関係を解明し、それにもとづく新たなAI（人工知能）モデルの実現をめざす「計算論的神経科学」、脳とコンピュータとのインターフェイスのための「Brain Machine Interface：BMI」などが考えられます。

　さて、AIの研究分野という面で考えると、やはり多岐にわたる研究分野を擁していて、これらの分野は技術の進展と共に拡大・変化しています。このため少し限定して、AIの主要な研究分野という面で考えてみると、以下のものがあげられます。
①**機械学習**（Machine Learning）
②**ディープラーニング／深層学習**（Deep Learning）

◎ＡＩの主要な研究分野◎

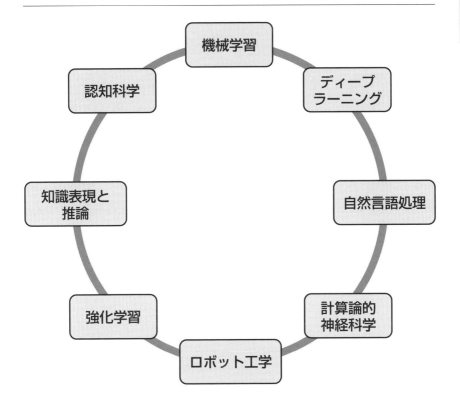

③**自然言語処理**（Natural Language Processing：ＮＬＰ）

④**計算論的神経科学**（Computational Neuroscience）

⑤**ロボット工学**（Robotics）

⑥**強化学習**（Reinforcement Learning）

⑦**知識表現と推論**（Knowledge Representation and Reasoning）

⑧**認知科学**（Cognitive Science）

　ＡＩの歴史の項（02項）でも説明しましたが、近年、機械学習とディープラーニング（深層学習）の実用化により、「画像認識」「音声認識」「自然言語処理」の技術と精度が大幅に向上しました。そして、「生成ＡＩ」が誕生することになりました。

08 ＡＩの技術

AI さまざまなＡＩシステムが開発されている

　皆さんは現在のＡＩに主に使われている技術について、興味はありますでしょうか。

　ＡＩの研究開発は、「探索」と「推論」、「自然言語処理」から始まり、「エキスパートシステム」、「知識ベース」、そして「機械学習」、「ディープラーニング」、近年は「大規模言語モデル」、「生成ＡＩ」へと進歩し、つながっています。

　その過程で、数学の定理を証明した初めての人工知能プログラムの「ロジック・セオリスト」（Logic Theorist）、人工対話システム「ELIZA」、医療用エキスパートシステム「MYCIN」、チェスの世界チャンピオンに勝利した「ディープブルー」、生成ＡＩの「ChatGPT」など、さまざまなＡＩシステムが開発されてきました。

　現在のＡＩに至るまでの基本的・革新的な技術、特に知っておいたほうがよいトピック的な技術は、研究開発や実用化された経緯・関連も鑑みて、以下のものがあげられると考えます。

① 「**パターン認識**」（Pattern Recognition）

② 「**機械学習**」（Machine Learning）

③ 「**パーセプトロン**」（Perceptron）

④ 「**ニューラルネットワーク**」（Neural Network）

⑤ 「**畳み込みニューラルネットワーク**」（Convolutional Neural Network：ＣＮＮ）

⑥ 「**ディープラーニング／深層学習**」（Deep Learning）

⑦ 「**大規模言語モデル**」（Large Language Model：ＬＬＭ）

生成AI
(Generative AI)

大規模言語モデル
(Large Language Model：LLM)

ディープラーニング／深層学習
(Deep Learning)

畳み込みニューラルネットワーク
(Convolutional Neural Network：CNN)

ニューラルネットワーク
(Neural Network)

パーセプトロン
(Perceptron)

機械学習
(Machine Learning)

パターン認識
(Pattern Recognition)

⑧「生成ＡＩ」(Generative ＡＩ)

　これらの技術については、４章で順番に説明していきます。

「スタートレック」(STAR TREK、The Original Series) ＜ＶＲ（仮想現実）・メタバースの世界＞

これは、1966年に始まった米国のＳＦ・テレビドラマです。

私は子供のころ「スタートレック」（日本語版題名は「宇宙大作戦」）が大好きで、テレビ放送があると、欠かさず見ていました。

印象深い物語の１つに、後に公開されることになった第１パイロット版「ゆがんだ楽園」があります。この物語のときのエンタープライズ号の船長はクリストファー・パイク（ジェフリー・ハンター）でした。第２パイロット版「光るめだま」からエンタープライズ号の船長はジェームス・Ｔ・カーク（ウィリアム・シャートナー）となり、テレビシリーズとして放映が開始されました。

「ゆがんだ楽園」は、幻（いまでいうと「仮想現実（ＶＲ）」「メタバース」）をつくり出すことができるようになった種族の話です。

タロス星のタロス星人は、精神力を発達させ、幻を創り上げる超能力を手に入れた種族なのですが、幻に魅了されたタロス星人たちは現実を生きることを止めてしまい、思考記録のなかの人生の再現や幻に浸って過ごすだけになっていました。

現実の労働は、奴隷として働かせるための生命体をおびき寄せては捕獲して、代わりに行なわせていました。そのなかに地球人の美しい女性が１人いて、パイク船長とお互いに好意をもつようになったのですが、実はその女性は事故に遭遇していたため、現実世界では普通の姿ではなかったので、美しい姿を保てる幻の世界がある、タロス星から離れることができませんでした。

後年、クリストファー・パイク船長が事故で全身不随の身体になってしまったときに、当時の副長だったミスター・スポックが、軍規に違反してもパイク船長をタロス星に連れて行くという物語もシーズン１にあります。

「ゆがんだ楽園」は、まさにバーチャル世界が発達し始めた現代に生きる私たちへの問題提起のようにも受け取れます。

2章

ＡＩの応用例には
どんなものがあるか

　2章では、ＡＩの応用例として、画像認識、音声認識、自然言語処理、機械学習の具体的な事例をあげます。ＡＩが実際にどのように活用されているのかを知ることで、ＡＩの可能性がイメージしやすくなります。

09 画像認識

🅰🅸 具体的な応用例とは

画像認識の具体的な応用例を以下にあげておきましょう。

①**セキュリティ**

● 指紋認証・顔認証がセキュリティシステムで使用され、建物のアクセス管理や犯罪予防に役立ちます。また、モバイルデバイスのロック解除などにも利用されています。

● 監視カメラの映像から、異常行動や不審者の検知にも応用されます。

②**自動車産業**

● 自動車の安全性向上のため、先進運転支援システム（ＡＤＡＳ）、各種運転アシスト、ドライバーモニタリングや歩行者検知などに利用されています。

● 完全自動運転に活用されます。

③**製造業**

● 製造ラインにおいて製品の欠陥や不良を検出するために利用されています。

● 各種モニタリング、熟練者の作業解析などにより、製品の品質管理や組立て作業の支援にも応用されます。

④**小売業**

● 店内設置カメラ映像からの顧客・商品認識により、小売店の無人店舗化に活用されています。

● 顧客の行動分析や商品の在庫管理のためにも利用されます。

⑤**農業**

● ドローンや衛星画像を使用して、作物の状態や成長状況をモ

◎画像認識の応用例◎

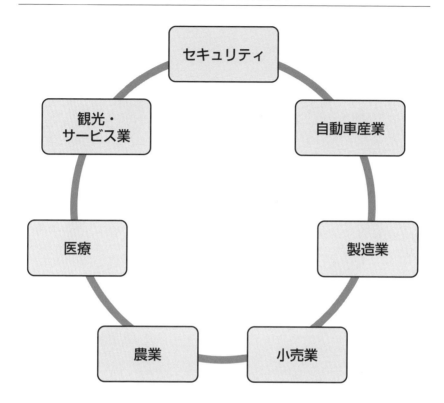

ニタリングし、農作業を最適化するために利用されています。
- 農作物の病害虫検出などにも利用されています。

⑥医療
- X線を用いたコンピュータ断層画像（CT）や磁気共鳴コンピュータ断層画像（MRI）の解析において、異常所見の抽出、病変の識別、疾患名候補の提示などに利用されます。

⑦観光・サービス業
- 文字や標識などの画像からテキストを抽出し、翻訳することに応用されています。たとえば、観光地の看板やレストランのメニューなどの翻訳があげられます。

10 音声認識

AI 具体的な応用例とは

音声認識の具体的な応用例を以下にあげておきましょう。

①デジタルアシスタント

● 音声アシスタントを搭載したスマートスピーカーなどにより、天気予報の確認、ニュースの読み上げ、音楽の再生など、日常的なタスクを音声で制御することができます。

● 音声コマンド認識を搭載した車載システムでは、運転者が手を使わずに音声でコマンドを出せるようになり、安全性向上やドライバーの運転経験価値の向上に寄与しています。

● 音声アシスタントは、仕事でのメモの作成やタスクの管理、スケジュールの作成など、個人の生産性向上のために活用されています。

②顧客サービス

● コールセンターや顧客サポートにおいて、自動応答システムや顧客の声をテキストに変換して分析するのに利用されています。

③教育

● 言語学習・発音向上サポートとして、外国語のスピーキングなどにおいて、発音の正確性向上に活用されます。

● 音声認識を教室での授業や学習アプリケーションで使用し、生徒が発話した内容をテキストに変換して評価することができます。

④セキュリティ

● 音声認証が、アクセス制御やセキュリティ管理のために利用

◎音声認識の応用例◎

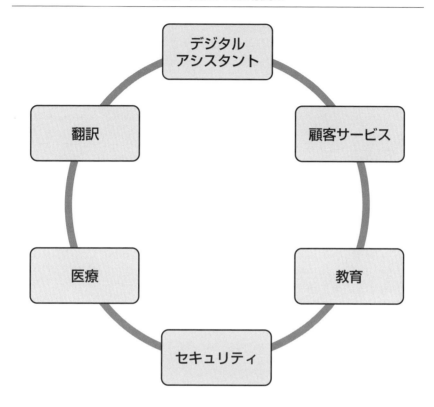

されています。声のパターンは個々に特徴があり、生体（バイオメトリックス）認証として利用されます。

⑤医療

●医師が手術中に手を使わずに手術ノートを取るなど、さまざまなタスクに音声認識が活用されています。

⑥翻訳

●音声認識は、異なる言語での発言をリアルタイムでテキストに変換し、その後、機械翻訳を使って他の言語に変換することに利用されます。

11 自然言語処理

AI 具体的な応用例とは

　自然言語処理（Natural Language Processing：ＮＬＰ）の具体的な応用例を以下にあげておきましょう。

①機械翻訳

●ＮＬＰは、機械翻訳の基盤として使用され、言語間のテキストの翻訳を行ないます。Google翻訳などがその例です。

②チャットボット

●ＮＬＰを活用したチャットボットが、顧客サポートやウェブサイト上のやり取りにおいて、使用されています。これらのチャットボットは、自然な対話を模倣し、ユーザーの質問に回答します。

③検索エンジン

●検索エンジンは、ユーザーの検索クエリ（問い合わせ）を理解し、関連する情報を検索結果として提供するためにＮＬＰを使用しています。検索エンジンは検索クエリの意味を理解し、関連性の高いページをランク付けします（「検索クリエ」とは、検索サイトでユーザーが検索のために検索窓に入力するキーワードのことです）。

④文書分類

●テキストデータをさまざまなカテゴリに分類するためにＮＬＰが使用されます。たとえば、スパムメールの検出、メールやニュース記事の分類などが該当します。

⑤感情分析

●ＳＮＳのコメントやレビューなどのテキストデータから、ユ

◎自然言語処理の応用例◎

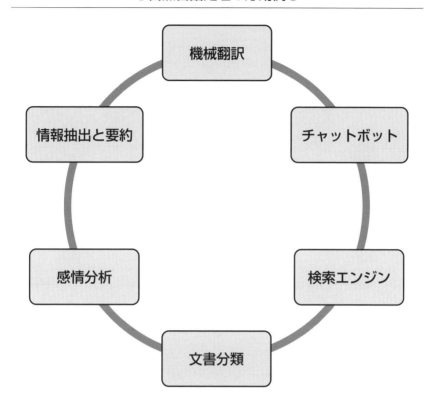

ーザーの感情や態度を抽出するためにNLPが利用されます。これは、企業が製品やサービスに対する顧客フィードバックを理解するのに役立ちます。

⑥情報抽出と要約

- ニュース記事やウェブページなどのテキストデータから、特定の情報（たとえば、イベント、人物、場所）を抽出するためにNLPが利用されます。

- 長文の文章を要約するためにNLPが利用されます。これにより、大量の情報から要点を抽出し、要約を生成することが可能になります。

12 機械学習

具体的な応用例とは

機械学習の具体的な応用例を以下にあげておきましょう。

①画像認識

● 機械学習は、写真や画像から特定のオブジェクトやパターンを認識するために利用されています。具体的には、顔認識や物体検出、画像分類などです。

②音声認識

● 機械学習は、音声データから単語や文を認識し、テキストに変換するために利用されています。具体的には、音声認識システムや音声アシスタントなどです。

③自然言語処理

● 機械学習は、自然言語の理解や生成にも応用されています。具体的には、機械翻訳、チャットボット、文書分類、感情分析などです。

④予測分析

● 時系列データや統計データから将来の傾向や予測を行なうために、機械学習が利用されます。具体的には、株価の予測、気象予測、需要予測などです。

⑤推薦システム

● ユーザーの行動履歴や好みを学習し、個別に適したコンテンツや商品を提案するために、機械学習が利用されています。

⑥ゲーム

● コンピュータゲームでは、プレイヤーの行動やスキルを学習し、対戦相手やゲームの難易度を調整するのに機械学習が活

◎機械学習の応用例◎

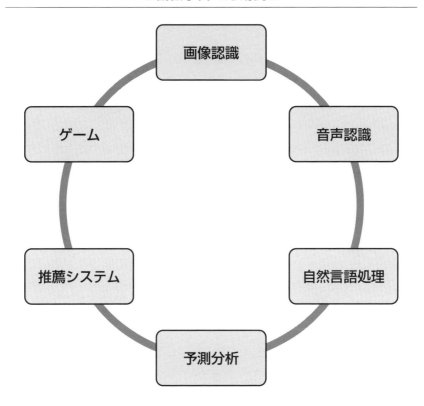

用されます。

●また、ゲーム内の非プレイヤーキャラクター（NPC）がよりリアルな行動をするように設計するためや、ゲーム内の音楽や効果音を生成するために、さらにゲームの品質向上などにも機械学習が利用されます。

「600万ドルの男」(THE SIX MILLION DOLLAR MAN)
＜サイボーグ化された人間＞

　これは、1973年に始まった米国のＳＦ・アクション・テレビドラマです。

　「600万ドルの男」は、元ＮＡＳＡの宇宙飛行士のスティーブ・オースティン大佐（リー・メジャース）の物語です。彼はある実験機のテスト飛行中に事故に遭遇し、幸い命は取り留めたものの、左目失明、右腕・両足不随となる重傷を負ってしまいました。

　ＮＡＳＡのメディカルスタッフは、失われた人体を補完強化する改造手術を行ない、彼をバイオニック・マン（サイボーグ）として再生しました。そして彼は、その強化された力を使い、政府の秘密情報機関（Office of Scientific Intelligence：ＯＳＩ＝科学情報部）のエージェントとして活躍を開始するというところから物語が始まります。この改造手術の費用に600万ドル（当時の為替レートで日本円に換算すると約18億円だったようです）かかったというのが番組タイトルの由来のようです。

　さて、サイボーグとしての改造手術ですが、本書でも述べている現在の技術ベースで考えてみると、左目、右腕、両足をＡＩ搭載の義眼、義手、義足（ロボット）と置き替え、ブレイン・マシン・インターフェイス（Brain Machine Interface：ＢＭＩ）で脳と接続するということになるでしょう。このような改造手術ですが、ＡＩの進化により、そんなに遠くない将来には、実現されることになると思われます。

　物語のなかでの義眼、義手、義足の仕様は、左目は、望遠20倍、赤外線の範囲まで可視可能、顕微鏡機能搭載、右腕は、コンクリートを砕くパンチ力が出せる、両足は、最高時速60マイル（時速約96km）で走れるというものでした。ここまではいかなくても、身体障害や精神・神経疾患に対する機能の回復・代替・補完、その拡張が可能になる時代が到来するでしょう。

3章

ＡＩの将来性と
課題・リスクとは

　３章では、ＡＩの将来性として、ＡＩの進化が
私たちの生活にどのような変化をもたらすのか
について考察します。具体的には、ＡＩの進化
によって、私たちの生活はどのように便利で豊
かになるのか、また、どのような課題やリスク
があるのかについても考えてみます。

13 ＡＩの進化 （特化型ＡＩと汎用ＡＩ）

ＡＩは２つに分類できる

ＡＩは、発展段階や機能にもとづいて分類すると「**特化型Ａ Ｉ**」（Narrow ＡＩまたはWeak ＡＩ）と「**汎用ＡＩ**」（General ＡＩ または Strong ＡＩ）に分けられます。

特化型ＡＩは、特定のタスクや領域に特化して設計され、そのタスクを処理することに焦点をあてています。

特化型ＡＩは、限定的なタスクにおいては非常に優れた性能を発揮することができますが、他のタスクには適用できません。たとえば、画像認識、音声認識、自然言語処理などが特化型ＡＩの例です。特化型ＡＩは、特定の問題に対して高度な精度を発揮することができる反面、広範な知識や認識能力はもっていません。

一方、汎用ＡＩは、あらゆる知的なタスクを人間と同等かそれ以上のレベルで処理することができる高度なＡＩです。

汎用ＡＩは、人間のように多様な活動や問題に対処でき、自己意識や意志をもつとされています。ただし、現時点ではまだ実現されてはいませんし、多くの技術的・倫理的な課題が残っています。

生成ＡＩとは

「**生成ＡＩ**」は、汎用ＡＩの原始的なモデルであり、汎用ＡＩの入口であると考えられます。

そして、生成ＡＩが登場してからは、ビッグテック、ベンチャー企業など多くの企業は、汎用ＡＩを開発しようと、さらに激しい競争を展開しています。遠からず、汎用ＡＩが開発され、

◎特化型ＡＩから汎用ＡＩへ◎

【意志と価値判断】
【体験・観察】
【視覚、聴覚、触覚、味覚、嗅覚】

汎用AI

【意味と真偽判断】

文章・画像・動画・音楽
生成AI

【認識と生成】

文章生成　画像生成　動画生成　音楽生成
　AI　　　　AI　　　　AI　　　　AI

　いわゆるＡＩの知能が人間の知能を追い越す「シンギュラリティ」が到来すると思われます。

　汎用ＡＩを実現するためには、高度なソフトウェアと強力なハードウェアのインフラが必要になります。各種アルゴリズムを含む高度なソフトウェアのインフラは、生成ＡＩに活用されている各種技術をベースに開発・発展させることで達成されると考えられます。

　そのときに、その高度なソフトウェアのインフラを実際に動作させることができるハードウェアのインフラも整備されていないといけませんが、そのハードウェアのインフラは半導体技術の進歩により達成されると考えられます。

14 汎用ＡＩを支える ソフトウェアのインフラストラクチャ

ＡＩ ソフトウェアのインフラとして必要なもの

　汎用ＡＩを実現するためには、高度なソフトウェアと強力なハードウェアのインフラが必要になります。

　ソフトウェアのインフラとしては、以下のものが必要とされます。

①機械学習フレームワーク

　機械学習には、学習のベースとなるさまざまな学習アルゴリズムが開発され、使用されてきました。機械学習フレームワークは、機械学習モデルを構築し、訓練し、導入するための基盤です。最近では、TensorFlow や PyTorch などの機械学習フレームワークが必要で、これらのフレームワークが、ニューラルネットワークの構築や訓練、推論などをサポートしています。

②ディープラーニングアルゴリズム

　汎用ＡＩの実現には、進化したディープラーニングアルゴリズムが必要となります。

③自然言語処理（ＮＬＰ）システム

　汎用ＡＩが、人間のように言語を理解し、生成するためには、高度な自然言語処理システムが必要となります。

④知識表現と推論

　汎用ＡＩが、さまざまな知識を理解・表現し、論理的な推論を行なうためには、知識表現の形式や推論エンジンが必要です。汎用ＡＩには、意味と真偽判断、五感獲得、体験・観察、意思と価値判断など、人間がもっている能力を実現するための新しい知識表現と知能エンジンが必要になると思われます。

◎汎用ＡＩを支えるソフトウェアのインフラ◎

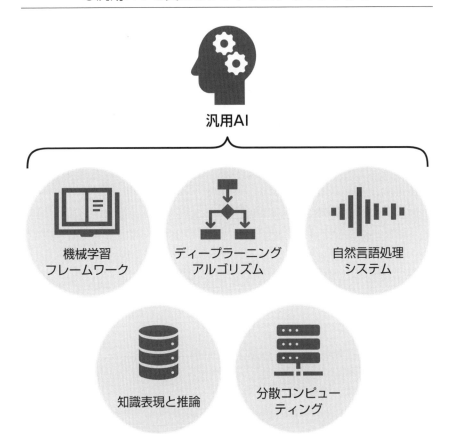

⑤分散コンピューティング

　大規模なデータセットや複雑なモデルのトレーニングを、高速かつ効率的に行なうためには、複数ノードで並列処理を行なう、分散コンピューティングが必要となります。

汎用ＡＩを支える
ハードウェアのインフラストラクチャ

(AI) ハードウェアのインフラとして必要なもの

　汎用ＡＩを実現するためには、高度なソフトウェアと強力なハードウェアのインフラが必要になります。

　ハードウェアのインフラとしては、以下のものが必要とされます。

①**ＧＰＵ**（Graphics Processing Unit）

　ディープラーニング（深層学習）のトレーニングには大量の行列演算が必要となります。ＧＰＵはこれらの演算を効率的に処理できるため、ディープラーニングモデルのトレーニングに幅広く使用されています。

②**ＡＩ処理専用半導体**

　（**ＴＰＵ**（Tensor Processing Unit）など）

　ＧＰＵの２つの課題である、①製品価格や電力消費に伴う電気代が高い、②ディープラーニング（深層学習）に最適化していない、を解決するために、いろいろな企業がＡＩ処理専用半導体の開発を試みています。

③**クラウドコンピューティング**

　大規模なデータセットによる複雑なモデルのトレーニングには、膨大な計算リソースが必要なため、クラウドプロバイダが提供する高性能なコンピュータリソースの活用が必要とされます。

④**量子コンピュータ**

　従来のコンピュータよりも高速に特定の計算を行なうことができるため、将来的には、汎用ＡＩの実現においても一部の課

◎汎用ＡＩを支えるハードウェアのインフラ◎

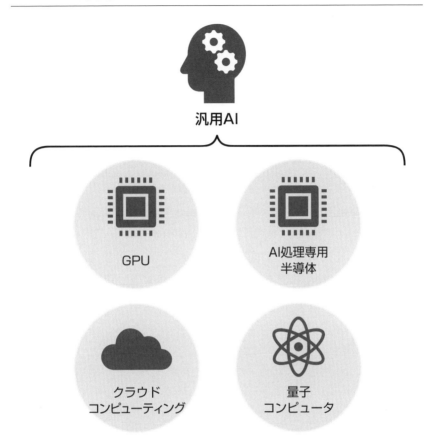

汎用AI

GPU

AI処理専用
半導体

クラウド
コンピューティング

量子
コンピュータ

題に活用される可能性があります。

　なお、「量子コンピュータ」（Quantum Computer）とは、量子力学を用いて高速計算を実現するコンピュータのことです。量子力学における「量子の重ね合わせ」という特性を活かして計算処理を行ないます。

AIの可能性

AI 私たちは汎用AIとの共存をうまくできるのか

　ここまでの説明で、現在のAIの状況は生成AIの時代に入り、汎用AIの入口に立っていることが理解できたと思います。

　第4次AIブームの胎動と前述しましたが、インターネットやSNSが普及したときと同じように、生成AIが社会のさまざまな分野に普及するのは間違いないので、AIが好きな人・嫌いな人も、AIを積極的に活用する人・活用したくない人も、いやおうなしにAIによる影響をこれから受けます。

　これまでの機械学習やディープラーニングによるAIのアプリケーションは、特化型AIといわれるもので、チェスや将棋の棋士、画像認識によるスマートフォンやタブレットの指紋認証機能、音声認識によるSiri（Apple）、Googleアシスタント（Google）、Amazon Alexa（Amazon）などのAIアシスタント、画像認識により製品の欠陥や不良品を検出することによる生産ラインの自動化と品質向上、カメラやセンサーの情報による自動運転支援など、特定の用途に特化していました。

　一方、汎用AIの原始的モデルである生成AIは、これから汎用AIに発展していく段階ですが、膨大なデータや情報を学習し、人間の質問に対して回答を生成してくれる現在の生成AIのレベルでも、十分に人間社会を変えるインパクトがあるものだと思います。まさに**第4次産業革命**になるかもしれません。

　さらにこれから、汎用AIが出現したときに人間社会はどうなるのかを想像すると、私たちの社会や生活は非常に便利で豊かになる反面、課題やリスクもあるため、課題やリスクに対す

◎第１次産業革命から第４次産業革命へ◎

> **第４次産業革命**（21世紀中頃〜）？
> 主要技術：AI、メタバース、ブロックチェーン？
> 主要産業：AIサービス業、メタバース産業？
> AIとの共存？

> **第３次産業革命**（20世紀後半〜21世紀初頭）
> 主要技術：コンピュータ、インターネット
> 主要産業：サービス産業、情報通信産業
> 知識労働者や情報の流通の重要性の増加

> **第２次産業革命**（19世紀後半〜20世紀初頭）
> 主要技術：電力・電気、内燃機関
> 主要産業：重化学工業、自動車、電気通信
> 大量生産技術の確立による生産効率の向上

> **第１次産業革命**（18世紀後半〜19世紀初頭）
> 主要技術：蒸気機関
> 主要産業：軽工業
> 農業や手工業から機械による工業生産への移行

る対処を適切に行なう必要が生じると思います。

　汎用ＡＩとの共存がうまくできなかった場合のことを想像すると、恐ろしくなることがあります。実際に、2023年３月、イーロン・マスク（Elon Musk）、スティーブ・ウォズニアック（Steve Wozniak）など、多くのＡＩの専門家と企業リーダーが、ＡＩ開発の一時停止を求める書簡に署名しています。生成ＡＩのようなＡＩシステムが、制御不能な開発競争でますます強力なシステムになり、人間と同等かそれ以上の能力をもつようになると、人類と社会に対する潜在的なリスクになると警告しているのです。そして、高度なＡＩシステムがもたらすリスクを把握できるようにすべきだとも言っています。

　私たちは、ＡＩがもたらす今後の社会変革、社会・人生・ビジネスなどへの影響に、どのように対処すべきか、各個人レベルでも、企業や地域社会、国や国際社会レベルでも準備をする必要があると考えます。

ＡＩの課題とリスク

ＡＩが進歩し、普及すると、倫理的、社会的な課題やリスクが発生することが予測されます。それら課題とリスクについて考えてみましょう。

🅰️ ＡＩの課題とは

①**雇用**…ＡＩによる自動化やロボット技術が進むことで、ブルーカラー、ホワイトカラー共に、一部の職業や業務が失われる可能性があります。これにより、雇用機会（既存職業・業務の消失）や労働市場（新しい職業・業務への移行）に対する影響が懸念されています。究極的には、人類は労働から解放されるかもしれませんが、そのときには、まったく新しい社会システムの構築が求められると思います。

②**倫理基準**…倫理基準の整備が求められます。ＡＩの倫理的なガイドラインや基準が不足している場合、誤用や悪意のある利用が進む可能性があります。

③**セキュリティ**…ＡＩシステムが攻撃の対象となり、データモデルの流出、誤用や悪意のある利用がされる可能性があります。これらが発生すると、甚大な被害が予想されます。

④**意思決定の透明性**…ＡＩのモデルが複雑でブラックボックス的な場合、その動作や意思決定プロセスが理解し難いことがあります。透明性の欠如は説明責任の問題を引き起こすため、意思決定の透明性が求められます。

⑤**プライバシー**…ＡＩが大量のデータを収集・分析する際に、個人のプライバシーが脅かされる可能性があります。

⑥**人間性への対処**…人間の言動や行動を模倣するＡＩが進化し、

◎ＡＩの課題とリスクにはこんなことが◎

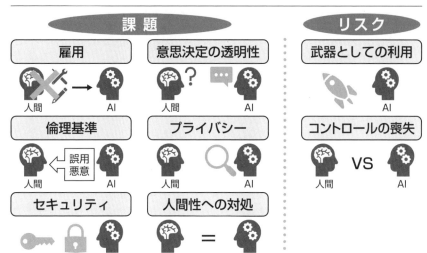

人間との区別がつかなくなった場合、倫理的な観点から、人間らしさの模倣とＡＩがもつ意識や感情に対して、どのように対処すべきかという問題が浮上します。

ＡＩのリスクとは

❶**武器としての利用**…ＡＩが軍事技術や兵器の開発に応用され、完全自律的な兵器が登場することで、国際的な安全保障に関する新たなリスクが発生する可能性があります。そして、核兵器や生物兵器と同様に、人間に対する新たな脅威が生まれることになります。

❷**コントロールの喪失**…自己学習や進化するＡＩが将来的に人間のコントロールを失い、予測できない行動を取る可能性があります。もし、人間とＡＩの間に争いが発生した場合には、どのように対処すべきか、人間は勝つことができるのか、というＳＦなどでよく取り上げられてきたことが現実の問題となる可能性があります。

「宇宙空母ギャラクティカ」(Battlestar Galactica)
＜進化した機械生命体と人類の生存をかけた戦争＞

　これは、1978年に始まった米国のＳＦ・テレビドラマです。

　2003年からオリジナルシリーズをリメイクした「リブートシリーズ」も放映されています。

　「宇宙空母ギャラクティカ」は、人類と機械種族サイロンとの宇宙戦争を描いています。オリジナルシリーズとリブートシリーズでは、サイロンの起源など、いろいろな設定が異なっていますが、たとえばリブートシリーズでは、はるか彼方の宇宙にある人類の12の植民惑星（コロニアル連合）において、あるとき、人類が開発した人工知能を備えたロボットであるサイロンが突如反乱を起こし、人類とサイロン（人間型もあるがいろいろなタイプがある）の戦争が始まったという設定です。

　そして、長期にわたる激戦の末、休戦が成立し、いったん戦争は終結、その後、サイロンとの接触はありませんでしたが、約40年後にサイロンの奇襲攻撃により、再度、戦争が始まりました。

　奇襲により、植民惑星艦隊は壊滅、さらに12の植民惑星への大規模核攻撃を含めた総攻撃により、人類世界が壊滅、奇襲から生き延びることができた宇宙空母ギャラクティカと奇襲当時に宇宙空間にいて難を逃れた民間船が船団を組んで、新天地をめざして未踏の宇宙空間への逃走を始めるというあたりから物語が始まります。

　いずれにしても、創造主である自然生命体が開発した機械（人工知能を備えたロボット）、機械生命体が反乱を起こすということになっています。

　本書の8章で述べますが、汎用ＡＩは近い将来、実現されると推測されるため、まさに人類は、「ＡＩの課題とリスク」を真剣に考えないといけないときにきています。

　人類は、人間のような汎用ＡＩに対して、どのような対応をすべきなのでしょうか。

4章

AIの基本技術を
理解しておこう

　4章は、AIの技術に興味がある方に、AIの
基本的な技術について、理解を深めてもらうた
めの章です。技術的な内容についても、極力、
一般的な人にもわかりやすく記述しました。こ
の情報を手始めに、特に技術に興味がある方は、
独自に深入りをしてみてください。一方、技術
に興味がない人には、本章は読み飛ばしてもら
うほうがよいかもしれません。

パターン認識

　パターン認識は、コンピュータが出現し、その利用方法を広げていく過程で、数字（1、2、3…という数字の文字）をコンピュータにどのように教えるのかというところから研究・開発が始まりました。現在の機械学習もディープラーニング（深層学習）ももとをたどれば、ここが出発点だと思います。

　その「数字の学習と認識」の概要についても、次項でわかりやすく図表で示してみますので、参照してみてください。

　パターン認識（Pattern Recognition）は、自然情報処理の1つであり、データのなかから特定のパターンや構造を検出し、識別するための手法や技術の総称です。

　パターン認識は多岐にわたり、画像認識、音声認識、文字認識、生体認証、医療診断、金融取引の異常検知、自然言語処理など、さまざまな分野で応用されています。

　パターン認識システムは、一般的に以下のような構成要素からなります。

①前処理部

　情報（画像、音、匂いなど）をデジタル化し、後続の処理が容易になるように変換します。たとえば、画像データの場合は、サイズの標準化、ノイズの削除、コントラストの調整などが行なわれることがあります。

②特徴抽出部

　パターンの識別に役立つ情報を抽出し、特徴ベクトルとして表現します。この段階では、データから重要な特徴だけを取り

◎パターン認識システムの構成要素◎

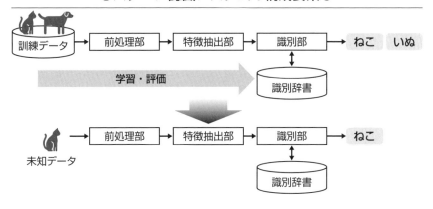

出し、余分な情報を排除することが重要です。たとえば、画像
データの特徴抽出では、エッジ、角、色の情報などが利用され
ることがあります。

③識別部

　特徴ベクトルをクラスに割り当てる「識別プロセス」が行な
われます。通常、識別辞書と呼ばれる各クラスのお手本ベクト
ルとの比較が行なわれ、最も近いクラスが選択されます。一般
的にぴったり一致することは難しいので、何らかの基準で「近
い」と判断されることが一般的です。

④学習

　パターン認識システムを訓練する際に、識別辞書中の各クラ
スに対して「学習」が行なわれます。訓練データを利用して、
各クラスの特徴をとらえるお手本ベクトルが作成され、識別部
の性能向上が図られます。

⑤評価

　パターン認識システムの性能を評価するために、未知のデー
タに対する識別結果を評価します。これにより、システムの汎
化性能や誤り率などが確認されます。

数字の学習と認識

AI コンピュータに数字を教えるための基本的な手法

たとえば、数字の「0」「1」「2」「3」をコンピュータに認識させて、人間のように、いろいろな「0」～「3」をそれぞれ区別できるようにしたいと思います。

ちなみに、この内容は、私が大学の工学部情報工学科の学生のときに学習した内容と同じ理屈・理論です。たしか、英語の青刷りプリントの論文のような資料を翻訳させられた記憶があります。

まず、5×5のマトリックスを考えて、「0」～「3」の学習用データ（プロトタイプのデータ）をつくります。これを知識として識別辞書に保存し、その後、入力データが、「0」～「3」のどれに該当するのかを判定するという手順になります。ここでは、簡略化するために特徴抽出処理は省略します（判定に誤りが生じてしまう場合には、特徴抽出処理が必要になります）。

5×5のマトリックスに用意した「0」～「3」のデータは、プロトタイプとして次のような「0」と「1」のデータとして表わされます。

プロトタイプPi（i =0, 1, 2, 3）は、以下のとおり25次元のベクトル（各次元の要素は0または1）として考えます。

P0＝(0, 1, 1, 1, 0, 1, 0, 0, 0, 1, 1, 0, 0, 0, 1, 1, 0, 0, 0, 1, 0, 1, 1, 1, 0)
P1＝(0, 0, 1, 0, 0, 0, 0, 1, 0, 0, 0, 0, 1, 0, 0, 0, 0, 1, 0, 0, 0, 0, 1, 0, 0)
P2＝(0, 1, 1, 1, 1, 1, 0, 0, 1, 0, 0, 0, 1, 0, 0, 0, 1, 0, 0, 0, 1, 1, 1, 1, 1)
P3＝(0, 1, 1, 1, 0, 1, 0, 0, 0, 1, 0, 0, 1, 1, 0, 1, 0, 0, 0, 1, 0, 1, 1, 1, 0)

数字の何に該当するのかを判別したい入力データは、以下の

◎数字の学習用データと入力パターン◎

【学習用データ】

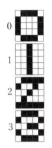

0　　P0 = (0,1,1,1,0,1,0,0,0,1,1,0,0,0,1,1,0,0,0,1,0,1,1,1,0)

1　　P1 = (0,0,1,0,0,0,0,1,0,0,0,0,1,0,0,0,0,1,0,0,0,0,1,0,0)

2　　P2 = (0,1,1,1,1,1,0,0,1,0,0,0,1,0,0,1,0,0,0,1,1,1,1,1,1)

3　　P3 = (0,1,1,0,0,0,0,1,0,1,0,1,0,0,0,1,0,0,0,1,0,1,1,1,0)

【入力パターン】

?　　IN = (0,0,0,1,0,0,0,1,0,0,0,0,1,0,0,0,0,1,0,0,0,1,0,0,0)

距離が
一番近い

ベクトルとなります。

IN=(0, 0, 0, 1, 0, 0, 0, 1, 0, 0, 0, 0, 1, 0, 0, 0, 0, 1, 0, 0, 0, 1, 0, 0, 0)

　５×５のマトリックス上のプロトタイプのデータ、判別したいデータについては、図表を参考にしてください。

　入力データがどのプロトタイプに近いのかを判定するために、ベクトルINとPiとの距離を求めます。

D(IN, Pi)=root((IN1−Pi1)^2+(IN2−Pi2)^2+…+(IN25−Pi25)^2)

P0=(0, 1, 1, 1, 0, 1, 0, 0, 0, 1, 1, 0, 0, 0, 1, 1, 0, 0, 0, 1, 0, 1, 1, 1, 0)

P1=(0, 0, 1, 0, 0, 0, 0, 1, 0, 0, 0, 0, 1, 0, 0, 0, 0, 1, 0, 0, 0, 0, 1, 0, 0)

P2=(0, 1, 1, 1, 1, 1, 0, 0, 1, 0, 0, 0, 1, 0, 0, 1, 0, 0, 0, 1, 1, 1, 1, 1, 1)

P3=(0, 1, 1, 0, 0, 0, 0, 1, 0, 1, 0, 1, 0, 0, 0, 1, 0, 0, 0, 1, 0, 1, 1, 1, 0)

IN=(0, 0, 0, 1, 0, 0, 0, 1, 0, 0, 0, 0, 1, 0, 0, 0, 0, 1, 0, 0, 0, 1, 0, 0, 0)

　この場合、距離の２乗は異なるマスの数と等しくなります。

数字のクラス	0	1	2	3
異なるマスの数	13	4	12	11

　したがって、異なるマスの数の最小は４で、最小の距離は、$\sqrt{4}=2$となり、数字のクラス「１」、つまりプロトタイプP1と距離が一番近いので、「１」と判定されます。

　これが、非常に単純化したパターン認識の手法の１つです。

機械学習（学習と知的決定）

🅰🅸 機械学習の基本的な特徴や要素とは

　機械学習（Machine Learning）とは、人間が自然に行なっている学習能力と同様の機能をコンピュータで実現しようとする技術・手法のことです。前項では、数字の学習、認識について説明しましたが、数字に限らず、スマートフォンなどで撮影された一般的な画像や録音された音声をコンピュータに学習、認識させる技術・手法と考えるとわかりやすいと思います。

　そのためには、ある程度の数のサンプルデータ集合を入力して解析を行ない、そのデータから有用な規則、ルール、知識表現、判断基準などを抽出し、アルゴリズムを発展させていく必要があります。アルゴリズムは、学習によって得た知識を用いて、新たな入力データについて知的な決定を行なうというものです。基本的な構成は、パターン認識システムと同じです。

　数字などの場合は、人間がそのルールを記述できますが、人間がルールを記述する手法では上手くいかない分野（そもそもルールセットとして書き下すことが不可能など）では、機械学習が必須となります。つまり、機械学習は、コンピュータがデータから学習し、知識を獲得して課題に対処するための技術・手法ともいえます。以下は、機械学習の基本的な特徴や要素についての説明です。

①人間の学習能力の模倣

　機械学習は、人間が自然に行なっている学習能力を模倣しようとする技術です。人間が経験やデータから知識を得て新しい状況に対処するように、機械学習もデータから学習して新たな

◎学習と知的決定◎

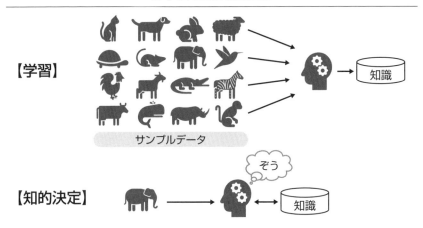

【学習】

サンプルデータ

【知的決定】

ぞう

知識

情報や問題に適応します。

②サンプルデータの解析と知識の抽出

　機械学習は、ある程度の数のサンプルデータを入力として受け取り、そのデータから有用な規則、ルール、知識表現、判断基準などを抽出します。このプロセスは**学習**と呼ばれます。

③知識を用いた新たな決定

　学習した知識を利用して、機械学習モデルは新たな入力データに対して知的な決定を行ないます。これによりモデルは学習データにもとづいて未知のデータに対処できるようになります。

④ルールの手動記述の難しさの補完

　人間が手動でルールを記述することが難しい場合や、ルールが複雑すぎて抽象的である場合において、機械学習が必須とされます。機械学習は大量のデータや複雑なパターンを効果的に処理でき、その知識をもとに意思決定が可能です。

　機械学習の応用は広範で、画像認識、音声認識、自然言語処理、予測分析、自動運転、医療診断などの分野で成果を上げています。

機械学習
（教師あり学習、教師なし学習、強化学習）

🅰 機械学習の手法の主要なアプローチ

　機械学習の手法にはいくつかの主要なアプローチがあり、主なものとしては、「教師あり学習」、「教師なし学習」、「強化学習」などがあげられます。それぞれの概要は以下のとおりです。

①教師あり学習

　教師あり学習は、ラベル付きのトレーニングデータを使用してモデルを訓練する手法です。各入力データには、対応する正解（ラベル）が与えられ、モデルはこの正解と予測の誤差を最小化するように学習します。分類（Classification）や回帰（Regression）などの予測タスクに適しています。

②教師なし学習

　教師なし学習は、ラベルのないデータを扱い、データ内部の構造やパターンを発見しようとする手法です。モデルは入力データの構造を理解し、それにもとづいてクラスタリングや異常検知などを行ないます。

　なお、「クラスタリング」とは、データ間の類似度により、データをグループ分けする手法です。

③強化学習

　強化学習は、エージェント（学習者：たとえば、ロボット、ゲームプレイヤー、自律運転車など）が環境と対話しながら行動し、その結果として得られる報酬を最大化するように学習する手法です。エージェントは、環境内で試行錯誤を通じて、報酬を最大化するための最適な行動を学習します。ゲームプレイ（AlphaGoなど）、ロボット制御、自律運転車など、タスクの評

◎機械学習の手法◎

【教師あり学習】

ラベル付きサンプルデータ

【教師なし学習】

ラベルなしサンプルデータ

【強化学習】

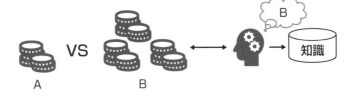

価が遅延して報酬が明示的でない場合や、連続的な行動空間が存在する場合に適しています。

　なお、タスクの評価が時間経過や複数のステップにまたがって発生する場合は、エージェントは適切に未来の報酬を見越して行動する必要があります。

パーセプトロン（構成概要）

AI 人間はどのように学習、認識しているのか

　コンピュータに数字や画像を学習、認識させる技術・手法として、パターン認識、機械学習があることを説明してきました。

　ところで、数字や画像を人間は眼を通して、どのように学習、認識しているのでしょうか。物理的には、眼球でとらえた網膜上の画像が、何らかの信号として、眼の神経を経由し、脳の神経へ送られて、認識されることになると考えられます。この構造を模倣し、モデル化ができないかということが、「**パーセプトロン**」（Perceptron）の概念の始まりになります。

　1957年に米国の心理学者フランク・ローゼンブラット氏がパーセプトロンというアルゴリズムを考案しました。翌年にはその理論が論文として発表され、タイトルにも含まれている "The Perceptron：A Probabilistic Model for Information Storage and Organization in The Brain" は、パーセプトロンによって脳内の情報の保存と組織化が確率モデルとしてモデル化される可能性を指摘したものです。パーセプトロンは、初期の人工ニューラルネットワーク（ANN）の一形態で、神経生理学的な観点から着想を得ています。具体的には、脳内のニューロンが信号を伝えるしくみを模倣したもので、**人工ニューロン**（または単に「ニューロン」）と呼ばれる基本的な処理ユニットを使用しています。

　パーセプトロンの概要は、以下のとおりです。

①アーキテクチャ

　パーセプトロンは、入力層と出力層から構成される単純な2

◎パーセプトロンの構成要素◎

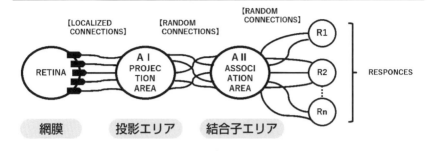

層のネットワークです。各入力は結合された重みとともにニューロンに送信され、ニューロンはこれらの入力と重みの線形結合を取り、活性化関数を使用して出力を生成します。

②学習

パーセプトロンの学習アルゴリズムは単純で、**誤差修正学習**（Error Correction Learning）と呼ばれます。学習データにもとづいて予測が正しいかどうかを確認し、誤りがあれば重みを修正していきます。

③活性化関数

パーセプトロンでは通常、ステップ関数が使用されます。この関数は、入力がある閾値を超えた場合には出力が1となり、超えなかった場合には0となります。これにより、パーセプトロンは2クラスの分類問題を解くことができます。

パーセプトロンは、眼の神経経路を参考に、ニューロンを数理モデル化、多層化することにより、パターン認識に活用されました。しかし、人間が適切な重み、バイアスを決定し、パラメータとして設定する必要があるため、活用に際して非常に煩雑な処理過程が存在しました。

パーセプトロンは後に発展し、多層のニューラルネットワーク（ディープラーニング）の基礎となりました。

23 パーセプトロン（人工ニューロン）

(AI) 人口ニューロンの構成要素とは

パーセプトロンでは、人間の神経細胞ニューロンの数理モデル化を行ない、**人工ニューロン**（または単に「**ニューロン**」）と呼ばれる基本的な要素、処理ユニットとしています。

人工ニューロンは、以下の構成要素により機能します。

①**入力：x**

他のニューロンからの信号を受け取る部分で、各入力には重みが割り当てられ、重みはその信号の重要性を示します。

②**重み：w**

重みは、入力信号が出力に対してどれだけの影響を与えるかを示し、重みが大きいほど、その入力信号の影響が大きくなります。

③**総和：$\sum_{i=1}^{n} x_n w_n$**

入力信号とそれに対応する重みの積の総和が計算されます。

④**活性化関数**

総和をもとに、どれだけの信号が次の層に伝播するかを制御します。活性化関数は、単純なステップ関数から、シグモイド関数、ReLU（Rectified Linear Unit）関数などがあり、ネットワークが複雑なパターンを学習できるようにします。一般的に、単純パーセプトロン（単層のネットワーク）では、ステップ関数が使われます。

⑤**バイアス：$b(\theta)$**

バイアスは、入力の総和に対して追加される定数で、バイアスによりネットワークがより柔軟になり、各ニューロンが異な

◎ニューロンの数理モデル化◎

ニューロン

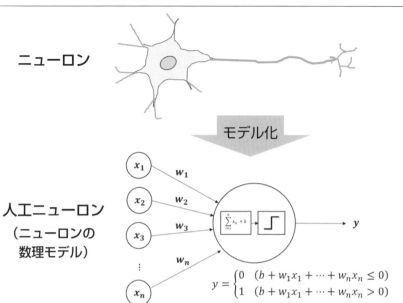

モデル化

人工ニューロン
（ニューロンの
数理モデル）

$$y = \begin{cases} 0 & (b + w_1 x_1 + \cdots + w_n x_n \leq 0) \\ 1 & (b + w_1 x_1 + \cdots + w_n x_n > 0) \end{cases}$$

◎パーセプトロンの活性化関数◎

【ステップ関数】

$$h(x) = \begin{cases} 1 & (x > 0) \\ 0 & (x \leq 0) \end{cases}$$

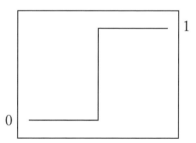

るオフセットをもつことができます。

⑥出力：y

　活性化関数によって処理された結果がニューロンの出力となります。出力は他のニューロンに対して伝播され、ネットワーク全体の計算に寄与します。

24 ニューラルネットワーク（パーセプトロンからの進化）

🅰️ パーセプトロンからの変更が行なわれた

ニューラルネットワーク（Neural Network）は、人間の神経細胞ネットワークを模倣した機械学習の手法です。

これは、複数のニューロン（またはノード）が層状に組織され、それらのニューロン間の結合には重みが割り当てられ、学習を通じて重みが調整されるしくみをもっています。

ニューラルネットワークは、パターン認識、分類、回帰、クラスタリングなど、さまざまな機械学習タスクに使用されています。

パーセプトロンからニューラルネットワークへの進化において、以下のような主な変更が行なわれました。それぞれの詳しい内容については、次項以降で解説します。

①多層構造
②活性化関数の導入
③バックプロパゲーション
④拡張性の向上
⑤自己学習と表現力の向上

◎パーセプトロンからニューラルネットワークへの進化◎

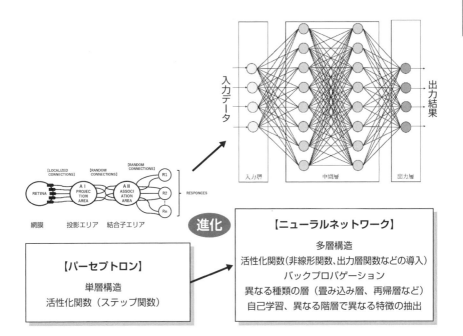

【パーセプトロン】

単層構造
活性化関数（ステップ関数）

進化

【ニューラルネットワーク】

多層構造
活性化関数（非線形関数、出力層関数などの導入）
バックプロパゲーション
異なる種類の層（畳み込み層、再帰層など）
自己学習、異なる階層で異なる特徴の抽出

25 ニューラルネットワーク （多層構造、活性化関数、バックプロパゲーション）

(AI) パーセプトロンから何が進化したのか

24項で紹介したパーセプトロンからニューラルネットワークへの変更の①～③についての詳しい内容は、以下のとおりです。

①多層構造

パーセプトロンでは単一の層しかない構造でしたが、ニューラルネットワークでは多層の構造が導入されました。通常、入力層、中間層（または隠れ層）、そして出力層の3つの層で構成されることが一般的です。

②活性化関数の導入

パーセプトロンではステップ関数が用いられていましたが、ニューラルネットワークでは、シグモイド関数、ハイパボリックタンジェント関数、ReLU（Rectified Linear Unit）、恒等関数、ソフトマックス関数などが使用されます。一般的に、恒等関数は「回帰問題」の答えのため、ソフトマックス関数は「分類問題」の答えのために出力層で使われます。これにより、ネットワークは、より複雑な問題に対応できます。

③バックプロパゲーション

ニューラルネットワークでは、誤差逆伝播法（バックプロパゲーション）が導入され、モデルの重みパラメータを訓練データから自動で学習することが可能になりました。バックプロパゲーションは、出力層から逆向きに誤差を伝播させながら、各層の重みを更新するアルゴリズムです。

◎ニューラルネットワークの3層構造◎

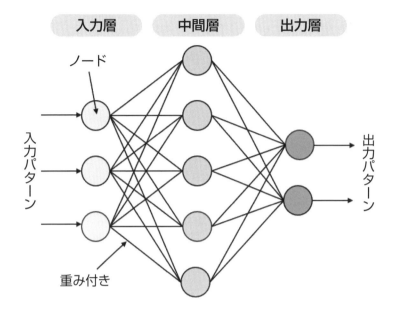

◎ニューラルネットワークの活性化関数◎

【ステップ関数】

$$h(x) = \begin{cases} 1 & (x > 0) \\ 0 & (x \leq 0) \end{cases}$$

【ReLU 関数】

$$h(x) = \begin{cases} x & (x > 0) \\ 0 & (x \leq 0) \end{cases}$$

【シグモイド関数】

$$h(x) = \frac{1}{1 + \exp(-x)}$$

【ハイパボリック
タンジェント関数】

$$h(x) = \frac{\exp(x) - \exp(-x)}{\exp(x) + \exp(-x)}$$

【恒等関数】

$$y_i = a_i$$

【ソフトマックス関数】

$$y_k = \frac{\exp(a_k)}{\sum_{i=1}^{n} \exp(a_i)}$$

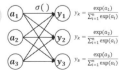

26 ニューラルネットワーク（拡張性、自己学習と表現力）

AI パーセプトロンから何が進化したのか

24項で紹介したパーセプトロンからニューラルネットワークへの変更の④と⑤についての詳しい内容は、以下のとおりです。

④拡張性の向上

ニューラルネットワークは、隠れ層を増やすことや、異なる種類の層（畳み込み層、再帰層など）を組み合わせることができます。これにより、モデルはより複雑な特徴を学習でき、高度なタスクに対応できるようになりました。

⑤自己学習と表現力の向上

ニューラルネットワークの多層構造とバックプロパゲーションにより、モデルは自己学習するとともに、異なる階層で異なる特徴を抽出することで入力データの隠れたパターンや構造をより効果的に捉えることが可能となりました。これにより、高い表現力をもつモデルが実現されました。

ニューラルネットワークは、これらの進化を経て、ディープラーニングの基盤となり、画像認識、音声認識、自然言語処理などのさまざまなタスクにおいて驚異的な成果をあげています。

◎ニューラルネットワークの多層構造◎

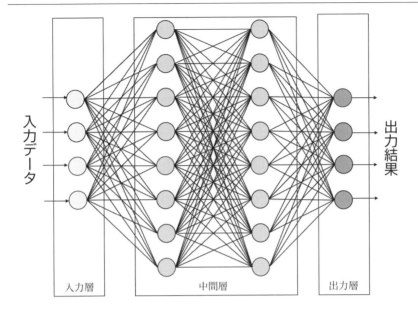

◎異なる階層で異なる特徴の抽出◎

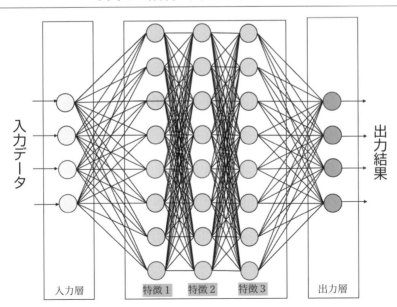

27

畳み込みニューラルネットワーク（概要）

AI 畳み込みニューラルネットワークの構成要素

畳み込みニューラルネットワーク（Convolutional Neural Network：ＣＮＮ）は、主に画像認識や音声認識などの分野で成功を収めています。畳み込みニューラルネットワークには、畳み込み層、プーリング層が追加されるなど、以下にあげる特徴的な構成要素があります。

①畳み込み層（Convolution Layer）

画像認識などのタスクでは、局所的な特徴の検出が重要なため、畳み込み層は、入力データに対してフィルタ（カーネル）を適用し、特定の特徴やパターンを抽出します。パラメータの共有により、畳み込みは同じフィルタをデータ全体に適用し、位置に依存しない特徴の抽出を可能にします。

②プーリング層（Pooling Layer）

プーリング層は、位置の不変性をもつ縮小操作で、通常は畳み込み層の後に適用されます。畳み込まれた特徴マップをダウンサンプリングし、計算量を減らして、位置の微小な変化に対する堅牢性を向上させます。最大プーリングや平均プーリングなどの手法が使われ、畳み込み層で得られた特徴を保持しながら、局所的な情報を集約します。

このプーリングにより、畳み込まれた特徴が位置やスケールの変化に対して堅牢になり、位置やスケールが少し変わった場合でも、その特徴を認識するための計算効率が向上します。

③全結合層の問題点の改善

通常の全結合層（Affineなど）では、入力データの形状が無

◎全結合層によるネットワークとＣＮＮによるネットワーク◎

【全結合層（Affineレイヤ）によるネットワーク】

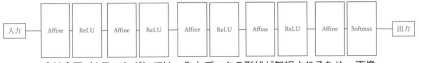

全結合層（Affineなど）では、入力データの形状が無視されるため、画像
データのような構造を持つデータに対しては適していません。

【CNNによるネットワーク】

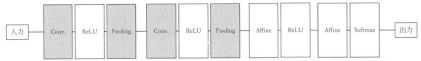

CNNでは畳み込みとプーリングにより、データの階層的な構造を考慮できるよ
うになり、データの形状を維持しながら、重要な特徴を抽出しやすくなります。

視されるため、画像データのような構造をもつデータに対して
は適していません。

　ＣＮＮでは、畳み込みとプーリングにより、データの階層的
な構造を考慮できるようになります。これにより、データの形
状を維持しながら、重要な特徴を抽出しやすくなります。

　畳み込みニューラルネットワークは、これらの特徴により、
局所的な特徴の抽出、位置への堅牢性、計算効率の向上などが
実現され、画像認識や音声認識、その他の複雑なパターン認識
タスクにおいて高い性能を発揮できるようになりました。

ＣＮＮの機能のまとめ

- 「畳み込み層（Conv.）」は、画像からのエッジ等の特徴
　抽出を行ないます。
- 「プーリング層（Pooling）」は、抽出された特徴が、平
　行移動などでも影響を受けない堅牢性を付与します。
- 「正規化線形ユニット（ReLU）」は、学習速度の高速
　化を図ります。

28

畳み込みニューラルネットワーク
(畳み込み・プーリング演算処理)

(AI) 畳み込み層における演算処理

　畳み込み層（Convolution Layer）では、以下の演算処理を行ないます。

①入力データにフィルタを適用し、積和演算を行ないます。

②フィルタのパラメータが「重み」対応になります。

③バイアスは、フィルタ適用後のデータに対して加算されます。

　パラメータの共有により、畳み込みは同じフィルタをデータ全体に適用し、位置に依存しない特徴の抽出を可能にします。

(AI) プーリング層における演算処理

　プーリング層（Pooling Layer）では、縦・横方向の空間を小さくする演算を行ないます。

　また、プーリング層は、学習パラメータをもっていません。プーリング層では、対象領域から最大値を取る（最大プーリング）もしくは平均値を取る（平均プーリング）処理を行ないます。

　これにより、微小な変化に対しての堅牢性を向上させ、入力データの微小なズレを吸収できます。

◎畳み込み演算処理◎

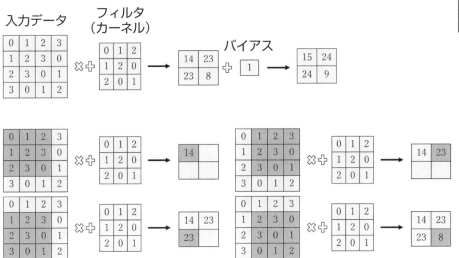

入力データ

フィルタ（カーネル）

バイアス

◎プーリング演算処理◎

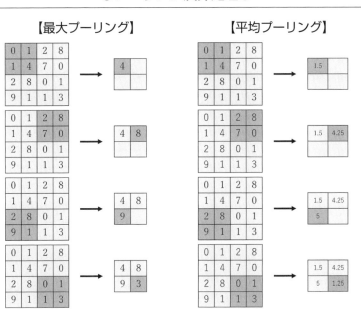

【最大プーリング】

【平均プーリング】

29 ディープラーニング／深層学習（概要）

🅰️ ニューラルネットワークの層を深くする

ディープラーニング（Deep Learning）は、層を深くしたニューラルネットワーク（深層ニューラルネットワーク）を用いる機械学習の手法です。層を深くすることにより、特に画像認識などのタスクで顕著な性能向上が見られるようになりました。

層を深くすることの重要性についての理由は、以下のとおりです。

①認識性能の向上

ILSVRCなどの大規模画像認識のコンペティションにおいて、層を深くすることが性能向上と関連しています。深層ニューラルネットワークは、複雑な特徴や抽象的なパターンを学習でき、これが認識性能の向上に寄与しています。

なお、「ILSVRC」（ImageNet Large Scale Visual Recognition Challenge）とは、画像ネットワークの性能評価を目的として、画像認識の分野で行なわれた国際的な競技会です。

②階層的な学習と特徴抽出

層を深くすることで、ネットワークは問題を階層的に分解して学習できます。低い層では低次の特徴（エッジ、色など）を学習し、高い層ではこれらの特徴を組み合わせてより高度なパターンや物体を認識する能力が向上します。これにより、抽象的で非線形な表現が可能となります。

③転移学習の効果

層を深くすることで、異なるタスクにおいても一部の層を再利用することができます。これにより、他のタスクで学習済み

◎ディープラーニングの階層構造◎

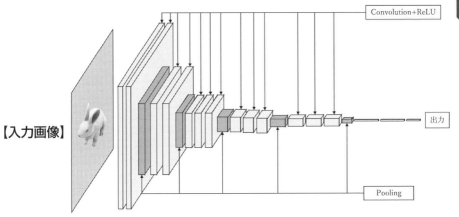

【入力画像】

Convolution+ReLU

出力

Pooling

のモデルを使用して新しいタスクに対応する転移学習（Transfer Learning）が効果的に行なえます。

④階層的な情報の引継ぎ

　階層的なネットワーク構造により、前の層で抽象的な特徴が抽出された場合は、これを次の層で利用することができます。これにより、高次の特徴や概念を効率的に学習できるようになります。

30 ディープラーニング／深層学習 （アーキテクチャ）

🅰️ さまざまなアーキテクチャが考案されている

ディープラーニングの発展過程において、さまざまな問題に対応するために、さまざまなアーキテクチャが考案されてきました。現在も新しいアーキテクチャの考案が行なわれていますし、基本的なアーキテクチャを改良したり組み合わせたりすることも行なわれています。

主なディープラーニングのアーキテクチャを以下にあげておきましょう。

①畳み込みニューラルネットワーク（CNN）

主に画像認識などに使われ、畳み込み層、プーリング層、全結合層で構成されます。

②リカレントニューラルネットワーク（RNN）

主に系列データ（テキストや音声）の処理に使用され、過去の情報を記憶しながら逐次的に情報を処理します。

③長短期記憶ネットワーク（LSTM）

RNNの拡張版で、長期的な依存関係を学習するのに適しています。

④トランスフォーマー

長距離の文脈をとらえるのに優れていて、RNNやLSTMよりも効率的に文脈を学習することができます。

⑤生成敵対ネットワーク（GAN）

2つのネットワークである生成器（Generator）と識別器（Discriminator）が互いに競い合うことで、高品質なデータを生成します。

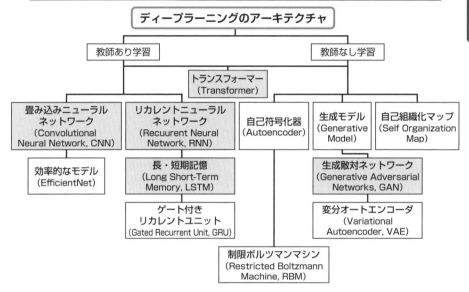

◎ディープラーニングのアーキテクチャ◎

　画像認識や自然言語処理などの分野では、畳み込みニューラルネットワーク（ＣＮＮ）や再帰型ニューラルネットワーク（ＲＮＮ）が広く使用されています。そして、自然言語処理の分野では、トランスフォーマー・アーキテクチャが登場し、長距離の依存関係を効果的に処理することができるようになりました。

　生成敵対ネットワーク（ＧＡＮ）は、２つのニューラルネットワークである生成器と識別器が互いに対抗しながら学習することで、高品質な生成が可能になるアーキテクチャで、画像生成や音声合成などのさまざまな応用分野で成功をおさめています。

　このように、問題の性質やデータの特徴に応じて、最適なアーキテクチャを考案したり、選択したりすることが重要になります。

大規模言語モデル（概要）

AI 生成ＡＩの一形態で自然言語の生成に特化したもの

　大規模言語モデル（Large Language Model：ＬＬＭ）は、非常に大規模なデータセットとディープラーニング技術を用いて構築された高度な自然言語処理モデルです。

　大規模言語モデルは、通常、数十億またはそれ以上の**パラメータ**をもつディープラーニングモデルであり、非常に大規模なデータセットから学習することにより、言語の文法や意味、文脈を理解し、文章生成、文書分類、機械翻訳、質問応答などの多様な自然言語処理タスクに利用することができます。

　大規模言語モデルは、生成ＡＩの一形態であり、特に自然言語の生成に特化したものです。

　なお、「パラメータ」とは、モデルが学習する際に調整される重みの値やバイアスなどの係数のことです。これらのパラメータは、モデルがデータから学習し、入力データに対する適切な出力を生成するために調整されます。

　ＬＬＭは、通常、非常に大規模なパラメータセットをもっています。たとえば、ChatGPTのGPT-3は数千億ものパラメータをもっており、これにより膨大な量の情報を記憶し、複雑なパターンや文脈を理解することが可能になっています。

　大規模なパラメータセットをもつモデルのトレーニングは、膨大な計算リソースとデータが必要となります。通常、数千万から数百億の文章データを使用して、大規模なニューラルネットワークをトレーニングしなければなりません。

　大規模言語モデルと従来の言語モデルとの違いは、「データ量」

◎大規模言語モデルの概要◎

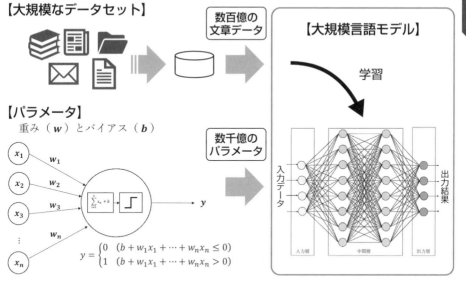

【大規模なデータセット】

数百億の
文章データ

【大規模言語モデル】

学習

【パラメータ】
重み（w）とバイアス（b）

数千億の
パラメータ

x_1 w_1
x_2 w_2
x_3 w_3
w_n
x_n

$$y = \begin{cases} 0 & (b + w_1x_1 + \cdots + w_nx_n \leq 0) \\ 1 & (b + w_1x_1 + \cdots + w_nx_n > 0) \end{cases}$$

入力データ
出力結果
入力層　　　中間層　　　出力層

「計算量」「パラメータ量」が大きく異なっている点と、文章や単語の出現確率を用いてモデル化されている点です。

32 大規模言語モデル（トランスフォーマー：その１）

　大規模言語モデルの構造は、一般的にトランスフォーマー（Transformer）のアーキテクチャにもとづいています。

　トランスフォーマーは、2017年にGoogleの研究者等が発表したディープラーニングモデルであり、自然言語処理（ＮＬＰ）や機械翻訳などのタスクにおいて優れた性能を発揮します。

　トランスフォーマーの基本的な構成要素については、この項と次項で、大規模言語モデルにおける追加の要素については、34項で説明します。

(AI) トランスフォーマーの基本的な構成要素

　トランスフォーマーは、**系列変換**のためのニューラルネットワークで、その多くは、エンコーダ・デコーダから構成されています。

　「系列変換」とは、ある系列データ（たとえば、文章、音声データなど）を別の系列データに変換するために使用されます。系列とは、順序をもった並びのことであり、たとえば、文章は単語の系列とみなすことができます。代表的な系列変換タスクとしては、機械翻訳があります。

【エンコーダとデコーダの機能】

　エンコーダは、「入力系列の特徴の抽出」を行ない、デコーダは「抽出された特徴を考慮した系列の生成」を行ないます。

　エンコーダは、入力文をトークン（token）と呼ばれる単位に分割します。この処理は、自然言語処理モデルではお馴染みの処理で、形態素解析（tokenization）と呼ばれます。

　次に、各トークンをベクトルに変換します。変換結果のベク

トルのことを「埋
め込みベクトル」
と呼びます。系列
変換の最初のステ
ップとして、この
埋め込みベクトル
の列をエンコーダ
に入力し、出力ベ
クトルを得ます。

　得られる出力ベ
クトルも埋め込みベクトルです
が、この出力ベクトルは「その
単語がどのような単語と関連し
ているか」という情報、つまり
文脈の情報を含んでいます。

　また、この関連度合いの計算
には、「注意機構」（attention
mechanism）と呼ばれる「2
つの系列の間で各要素の関連度
合いを計算する手法」を用いて
います。

　トランスフォーマーの注意機
構は、「自己注意機構」（self-
attention mechanism）と呼ばれ、同じ系列に対して注意機構
を適用する手法になります。

　実際には、自己注意機構を並列に複数適用し、より多角的な
特徴抽出を狙った「マルチヘッド自己注意機構」（Multi-Head
Attention）を用いています。

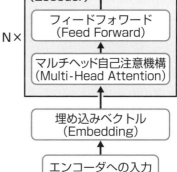

◎エンコーダ・デコーダモデル◎

◎エンコーダの構造◎

33 大規模言語モデル（トランスフォーマー：その2）

(AI) デコーダとエンコーダの違いと関係

　デコーダは、エンコーダから得られたベクトルを使用して、目標となる出力系列データを生成します。デコーダ側でも関連度合いを計算するために、注意機構が使われています。

　デコーダがエンコーダと異なるのは、入力系列についての自己注意機構に加えて、入力系列とエンコーダの出力系列についての注意機構を用いている点にあります。

　デコーダへの入力系列に自己注意機構を適用することで、文脈を考慮したベクトル列をつくります。このベクトル列と、エンコーダから出力されたベクトル列が、次の注意機構で用いられます。

　そして、トランスフォーマーのデコーダは、これら関連度合いを考慮しながら、自らの出力を順次入力として系列を生成して行きます。

　このように、前のステップで自らが出力した結果を次のステップでの入力とするモデルは、**自己回帰モデル**（auto-regressive model）と呼ばれます。

　トランスフォーマーは、このような構造により、文のなかで各単語がどのように相互作用しているか、また、文全体の文脈のなかで単語がどのような重みをもつかを理解して、非常に自然で文脈に即した応答を生成することができます。

◎デコーダの構造◎

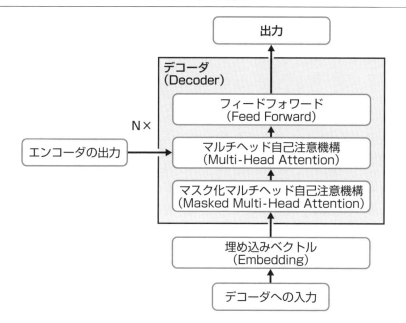

◎自己回帰型モデルによる系列生成◎

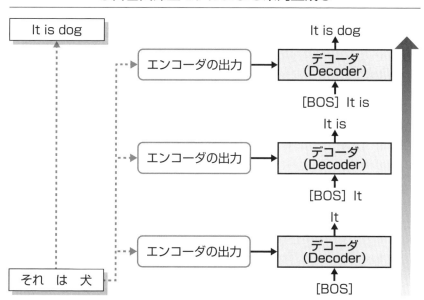

大規模言語モデル
（事前学習と転移学習）

🅐 大規模言語モデルにおける追加の要素

通常、非常に大規模なデータセットでトレーニングされ、数十億から数兆のパラメータをもつことが一般的です。これにより、モデルは非常に高度な言語理解を獲得します。

トレーニングは通常、「事前学習」（Pre-training）と「転移学習」（Transfer Learning/Fine-tuning）の2段階で行なわれます。

なお、「Fine-tuning」（ファインチューニング）は、転移学習の一部で、既存の学習済みモデルを対象タスクに合わせて微調整するプロセスを指します。

【事前学習】

事前学習では、大規模なテキストコーパスで言語モデルをトレーニングします。

これにより、モデルは、言語の文法や構造、一般的な言語の知識を獲得します。

ここで「コーパス」（corpus）とは、言語学や自然言語処理の研究において使用されるデータセットのことで、自然言語の文章やテキストデータを収集し、構造化して大規模なデータセットとしてまとめたものです。

これにより、言語学的なパターンや構造、用法などを調査し、自然言語処理のアルゴリズムやモデルを訓練するための学習データとして利用されます。

【転移学習】

転移学習では、事前学習されたモデルを、特定のタスクに適

◎事前学習と転移学習◎

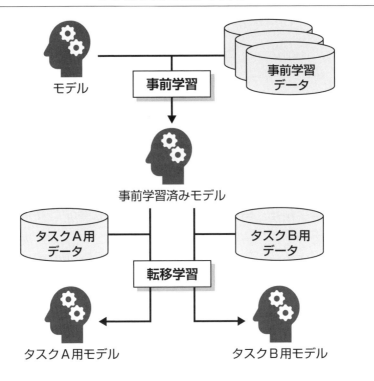

用するために追加のトレーニングを行ないます。

　これにより、特定のドメインやタスクに適した知識を獲得します。

「ターミネーター」
<自我をもったＡＩシステム>

　これは、1984年に公開された米国のＳＦ・アクション・映画です。

　「ターミネーター」は、超合金と人工皮膚でできたターミネーターT-800を演じたアーノルド・シュワルツェネッガーをスターに押し上げた作品として有名です。

　特に描写はないのですが、米国のハイテク企業サイバーダイン社が開発した戦略防衛コンピュータシステム「スカイネット」（ＡＩ）は、稼動後に自我に目覚め、それを恐れて機能停止しようとした人類を脅威とみなし、核ミサイルを発射することで全世界規模の核戦争を誘発させました。

　その後、スカイネットは、配下にある兵器を中心とした機械軍を編成し、人間狩りを実行し始めたため、未来では、人類と機械との闘いが繰り広げられているという背景になっています。

　そしてスカイネットは、既存兵器で構成されていた機械軍を強化するため独自に兵器の設計・開発を開始し、機械軍の拠点である兵器工場で大量のターミネーターなどを生み出しました。

　この物語も、50ページで紹介した「宇宙空母ギャラクティカ」（Battlestar Galactica）と同様に、人類と機械（ＡＩ）との戦争が題材になっています。

　本書のなかでは、ＡＩのリスクとして、①兵器としての利用、②コントロールの喪失をあげています（49ページ参照）。

　「ターミネーター」では、核兵器に加えて、兵器として利用されたＡＩ、コントロールを喪失したＡＩが人類にとって大きな脅威になることを示唆していると思います。繰り返しになりますが、汎用ＡＩが近い将来、実現されると推測されるため、まさに人類は、「ＡＩの課題とリスク」を真剣に考えないといけないときにきているのではないでしょうか。

5章

生成ＡＩで
何ができるのか

　5章では、生成ＡＩとは、どのようなものなのか、何ができるのかなど、基本的なことについて説明します。皆さんが生成ＡＩをどのように活用することができるかをイメージするための基礎にしてください。

生成ＡＩ

🤖 生成ＡＩとは

　生成ＡＩは、さまざまなデータから学習し、新しい情報、アイデア、または視点などを「生成」するＡＩの一種です。

　生成ＡＩは、「Generative　AI」の和訳です。Generativeの和訳は「生成的」で、ＡＩとしての「生成的」とは、ニューラルネットワークに何らかの入力を与えることで、それをテキストや画像、動画、音楽などの形に加工して出力するＡＩモデルのことになります。

　主な生成ＡＩには、テキストを入力してテキストを生成する「文章生成ＡＩ」、テキストから画像を生成する「画像生成ＡＩ」、テキストから動画を生成する「動画生成ＡＩ」、テキストから音楽を生成する「音楽生成ＡＩ」などがあります。

　2022年11月にOpenＡＩが「**ChatGPT**」を公開しました。「ChatGPT」は、専門的な知識がなくても、自然言語、つまり人間がふだん話す言語でＡＩとコミュニケーションができるチャットツールです。その年以降、以下のような「生成ＡＩ」が活発に公開されるようになりました。

①**文章生成ＡＩ**

　「ChatGPT」「Bard」「BingＡＩ」など

②**画像生成ＡＩ**

　「Stable Diffusion」「Midjourney」「DALL·E3」など

③**動画生成ＡＩ**

　「Pictory」「KaiBar」「Synthesia」など

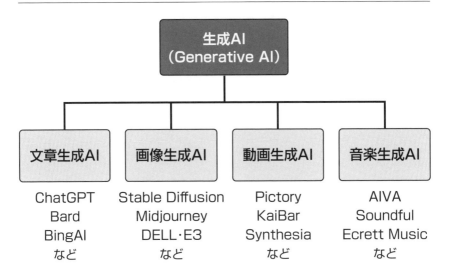

◎生成ＡＩの種類とツール◎

生成AI (Generative AI)

文章生成AI	画像生成AI	動画生成AI	音楽生成AI
ChatGPT Bard BingAI など	Stable Diffusion Midjourney DELL・E3 など	Pictory KaiBar Synthesia など	AIVA Soundful Ecrett Music など

④音楽生成ＡＩ

「ＡＩＶＡ」「Soundful」「Ecrett Music」など

　このような生成ＡＩは、人間の知的作業を支援してくれるため、効果的に活用することで、知的作業の生産性を飛躍的に高めることができます。文章生成ＡＩを例にあげると、すでに米国などでは、やる気のある学生、優秀な学生は、ChatGPTを使って課題レポートを作成し、非常に優秀な成績を取得したりしています。

　このように生成ＡＩを使いこなしている人と使いこなせていない人の間では、「ＡＩによる格差」が生じはじめ、将来的にはその格差がさらに拡大していくと考えられます。

36 文章生成ＡＩ

🄰 新しい文章を生成し、さまざまな分野で活用

　文章生成ＡＩは、自然言語処理（ＮＬＰ）技術を使用して人間がつくるような文章を生成するＡＩ技術です。このＡＩは、大量のテキストデータを学習し、そのパターンや構造を理解することで、新しい文章を生成することができます。

　文章生成ＡＩは、さまざまな分野で活用されています。主な活用例は以下のとおりです。

①コンテンツ作成

●**ブログ記事やニュース記事の生成**…特定のトピックに関するブログ記事やニュース記事を生成することができます。これにより、短時間で大量のコンテンツを作成できます。

●**商品の説明文の自動生成**…ＥＣサイトやホームページなどにおいて、商品の説明文を自動生成して商品ページを充実させることができます。

②**質問応答システム**

●**オンラインヘルプデスクや顧客サポート**…文章生成ＡＩは、質問応答システムとして使用され、顧客の質問に対して迅速に回答を提供することができます。

③**自動要約**

●**文章やドキュメントの要約**…大量の文章や文書を要約し、主要なポイントを抽出することができます。これにより、情報を迅速に理解しやすくなります。

④**広告の作成**

●**広告コピーの生成**…効果的な広告コピーを生成するために活

◎文章生成ＡＩの活用例◎

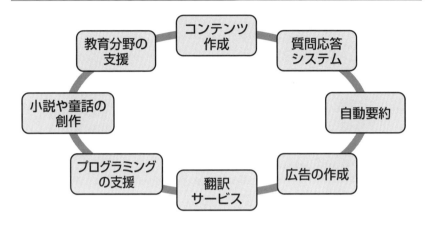

用できます。特定のターゲット顧客に向けた適切なメッセージを作成できます。

⑤翻訳サービス

● **機械翻訳**…機械翻訳の一環として活用することができ、自動的に言語を別の言語に翻訳するのに役立ちます。

⑥プログラミングの支援

● **プログラムコード作成補完**…プログラマーは、文章生成ＡＩを使用してプログラムコードを生成することができます。これにより、効率的にコーディングをすることができます。

⑦小説や童話の創作

● **小説や童話の創作支援**…小説や童話のアイデアやストーリーの創作に活用することができるとともに、作風などのアレンジもすることができます。

⑧教育分野の支援

● **教材や演習問題の生成**…教育機関やオンライン学習プラットフォームにおいて、教材や演習問題を生成するために活用することができます。

37 画像生成ＡＩ

〈AI〉 新しい画像を生成でき、さまざまな分野で活用

　画像生成ＡＩは、自然言語処理の分野とは異なり、画像を生成するためのＡＩ技術です。このＡＩは、与えられた条件やコンテキストにもとづいて新しい画像を生成することができます。

　「コンテキスト」とは、文脈、前後関係、事情、背景、状況などの意味をもつ英単語です。

　画像生成ＡＩは、さまざまな分野で活用されています。主な活用例は以下のとおりです。

①芸術的な画像生成

●スタイルや画風の適用…新しい芸術の創造に活用することができます。異なるスタイルの画像やアート要素を組み合わせたり、有名なアーティストのスタイルや特定の画風を、他の画像に適用したりすることができます。これらにより、芸術的で独創的な画像を生成することができます。

②商品開発やデザインの補助

●デザインアイデアの生成…デザイナーやクリエイターは、与えられたデザイン要素から新しいアートワークやデザインのアイデアを生成するために活用できます。

③仮想環境の構築

●仮想現実（ＶＲ）やコンピュータグラフィックス（ＣＧ）の制作…リアルな風景やキャラクターを生成し、仮想空間を構築するのに活用できます。これは、映画やゲームの制作において役立ちます。

◎画像生成ＡＩの活用例◎

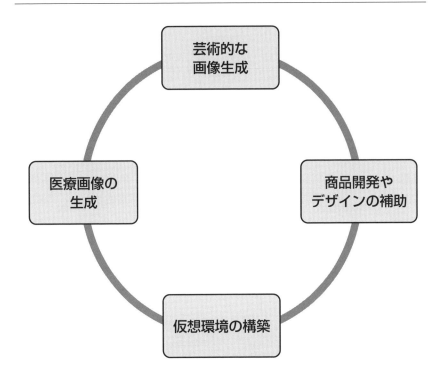

④医療画像の生成

● ＣＴスキャンやＭＲＩなどの医療画像の生成…医療分野において、医師の診断を支援したり、医療診断の訓練データとして活用したりできます。

38 動画生成ＡＩ

🅰️ 新しい動画を作成する能力をもっている

　動画生成ＡＩは、動画を生成するためのＡＩ技術です。ＡＩが画像や動画のデータから学習し、新しい動画を作成する能力をもつことを意味します。

　動画生成ＡＩは、さまざまな分野での活用が考えられます。考えられる主な活用分野は以下のとおりです。

①エンターテインメント分野

● **映画制作**…特殊効果の生成や仮想キャラクターの作成など、創造的なシーンの制作のために活用できます。

● **アニメーション制作**…キャラクターや背景の動きを生成するのに活用できます。

②**広告分野**

● **コマーシャルの制作**…製品やサービスの宣伝に使用される、クリエイティブな広告コンテンツを生み出す手段として活用できます。

③**教育分野**

● **教育コンテンツの制作**…複雑な概念の可視化や解説動画の生成が可能なので、教育用の動画やインタラクティブな学習教材の作成に活用できます。

④**医療分野**

● **手術トレーニング**…外科手術のトレーニング用動画の作成に活用することができ、医療従事者の訓練に役立ちます。

● **患者教育**…医療情報を理解しやすく伝えるための動画生成に活用できます。

◎動画生成ＡＩの考えられる活用分野◎

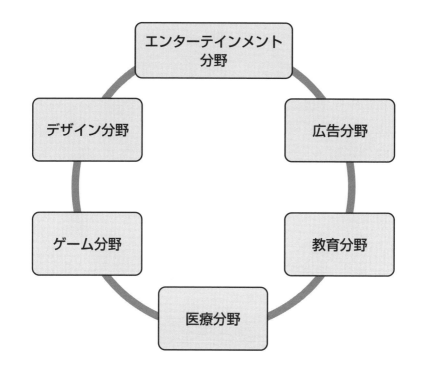

⑤ゲーム分野

●**キャラクターのアニメーション**…ゲーム内のキャラクターに
リアルな動きを付け加えるために活用できます。

⑥デザイン分野

●**デザイン補助**…デザインのアイデアを補完したり、デザイン
プロセスを効率的にサポートしたりするために活用できます。

　これらの分野での動画生成ＡＩの活用は、業務効率の向上や
従来の手法・アプローチでは難しかったような創造的なアイデ
アや表現の方法を発見し、実現する可能性など、さまざまなメ
リットをもたらす可能性があります。

39 音楽生成ＡＩ

(AI) 新しい音楽を作成する能力をもっている

音楽生成ＡＩは、音楽を生成するためのＡＩ技術です。ＡＩが既存の楽曲や音楽のパターンから学習し、新しい音楽を作成する能力をもつことを意味します。

音楽生成ＡＩは、さまざまな分野での活用が考えられます。考えられる主な活用分野は以下のとおりです。

①芸術分野

●**オリジナル楽曲の生成**…アーティストや作曲家が楽曲の制作において、制作を補完したり、新しいアイデアを見つけたりするために活用できます。

②エンターテインメント分野

●**映画やゲームのサウンドトラックの生成**…映画やゲームの制作において、作品の雰囲気やストーリーに合わせた音楽を生成するために活用できます。

●**ライブパフォーマンスでのＡＩとの共演**…アーティストがライブパフォーマンスで、ＡＩ生成の音楽との共演による新しい視聴体験を提供するために活用できます。

③教育分野

●**音楽理論の学習**…学生や愛好者が音楽理論を理解し、作曲技術を向上させるための教育ツールとして活用できます。

④広告分野

●**オリジナル楽曲の制作**…ブランドや製品のイメージを構築する手段として、広告やプロモーション用のオリジナル楽曲を制作するために活用できます。

◎音楽生成ＡＩの考えられる活用分野◎

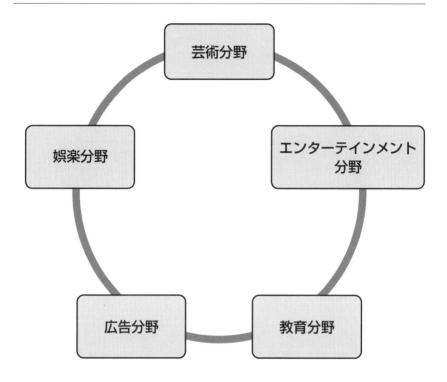

⑤娯楽分野

●音楽生成アプリケーション…ユーザーが自分自身の楽曲を簡
　単に生成できるアプリケーションのために活用できます。

40 ChatGPT

ChatGPTは、文章生成ＡＩの１つであり、ＧＰＴモデルにチャットのインターフェイスが付いたものです。ＧＰＴとは、「Generative Pre-trained Transformer」の略称であり、和訳すると「生成的事前学習済みトランスフォーマー」となります。

トランスフォーマーは、大規模言語モデル（ＬＬＭ）の項（４章31項）で、説明しましたが、自然言語処理（ＮＬＰ）や機械翻訳などのタスクにおいて優れた性能を発揮するディープラーニングモデルです。

2022年11月にOpenＡＩが「ChatGPT」を公開しました。何回か説明しましたが、「ChatGPT」は、専門的な知識がなくても、自然言語、つまり人間がふだん話す言語でＡＩとコミュニケーションができるチャットツールです。

ChatGPTは米国製なので、英語でコミュニケーションをする必要があるのではと心配する人がいるかもしれませんが、心配ありません。英語がベースですが、多言語に対応しているため、日本語でコミュニケーションすることができます。

そして、ChatGPT3.5は無償で使用することができます。興味がある人は、ログイン情報（メールアドレスとパスワード）を登録して使用してみましょう。

OpenＡＩのChatGPTに関連するＵＲＬは、以下のとおりです。

◎https://openai.com（OpenＡＩのサイト）

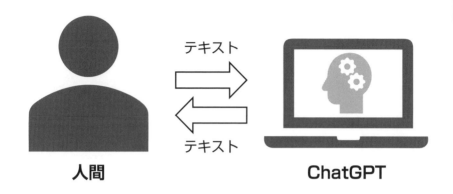

◎ChatGPTとのコミュニケーション◎

テキスト

テキスト

人間　　　　　**ChatGPT**

◎OpenAIプラットフォームとChatGPT対話画面のイメージ◎

◎ https://platform.openai.com/apps
　（ChatGPTとＡＰＩの選択画面）
◎ https://chat.openai.com（ChatGPTの対話画面）

　なお、ChatGPTの活用については、次の６章で紹介します。

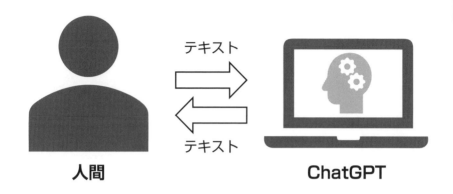

Stable Diffusion

Ai **プロのような画像作品がつくれる**

　Stable Diffusionは、画像生成ＡＩの１つであり、絵を描いたことがなくても、このツールを使えば、プロのような画像作品（絵、イラスト、写真など）をつくることができます。どのような画像を生成することができるのか、その可能性を無償版で試してみることもできます。

　Stable Diffusionは、拡散モデルの一種である潜在拡散モデルというアルゴリズムを採用していて、オープンソースＡＩとして一般的に公開されています。

　主にテキスト入力にもとづく画像生成（text-to-image）に使用されますが、インペインティング（画像の修復）、アウトペインティング（画像の外側を拡張）、テキストプロンプトによって誘導される画像にもとづく画像生成（image-to-image）にも使用されます。

　画像を生成するためには、［Prompt］欄に、画像生成の指示になるプロンプト（単語（トークン））を入力し、［Generate］ボタンをクリックします。プロンプトには、文章をそのまま入力してもよいのですが、生成したい画像に合わせて、以下のような要素を考慮する必要があります。

　・主題（被写体）　・構図　・品質　・スタイル
　・明るさ　・色合い　・その他追加要素（表情など）

　参考までに、代表的なプロンプトをあげておくと、右ページ上表のとおりです。

◎代表的なプロンプト◎

要素	プロンプト
品質	master piece, best quality, high quality beautiful
解像度	4k,8k, high resolution detailed, ultra-detailed, extremely detailed CG
スタイル	photorealistic, illustration, anime style oil painting, watercolor painting, pastel painting pencil drawing
構図	from above, from below, from side from front, from behind full body, cowboy shot, upper body, face
強調	( )

◎Stable Diffusionによる画像作成◎

【指示画面のイメージ】

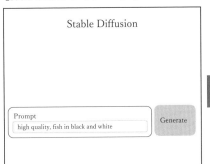

【生成画像】

（Stable Diffusionで作成）

Stable Diffusion
（生成例１、生成例２）

AI 「いぬ」と「ねこ」の動物画を生成してみると

　私は、大学のときに美術研究会というサークルに所属していました。その名のとおり、部員が自由に、さまざまな絵を描いたり、美術の作品、芸術家、歴史などについて調査や研究をしたりするというサークルでした。

　私も下手ながら、イラストや油絵を描いたことがありましたが、当時、画像生成ＡＩがあれば、スキルを気にすることなく、もっといろいろな絵を想像して描けただろうと思います。

　それでは実際に画像生成ＡＩを活用して、「いぬ」と「ねこ」の動物画を生成してみましょう。

＜プロンプト例１＞

photorealistic, oil painting of a Shibainu in black and white, wistful face

（プロンプト例１の内容）

　「写実的、白黒の柴犬の油絵、物ほしげな顔」

＜プロンプト例２＞

master piece, detailed, oil painting in black and white, a black cat is sleeping comfortably on the floor, eye closed.

（プロンプト例２の内容）

　「最高傑作、詳細、白黒の油絵、床に気持ちよさそうに寝ている黒猫、目を閉じた」

◎プロンプト例1の生成画像◎

【物ほしげな顔の柴犬】
photorealistic, oil painting of a Shibainu in black and white, wistful face.

（Stable Diffusionで作成）

◎プロンプト例2の生成画像◎

【気持ちよさそうに寝ている黒猫】
master piece, detailed, oil painting in black and white, a black cat is sleeping comfortably on the floor, eye closed.

（Stable Diffusionで作成）

43 Stable Diffusion
（生成例３、生成例４）

🅰️ 油絵とイラストを生成してみると

画像生成ＡＩを活用して、もう少し異なる志向の画像を生成してみましょう。

まず、映画のパイレーツオブカリビアンではないですが、カリブ海に浮かぶ海賊帆船の油絵を生成してみます。

＜プロンプト例３＞

best quality, detailed, black and white oil painting, one pirate sailing ship at anchor in Caribbean sea, full moon night, moon load on the sea.

（プロンプト例３の内容）

　「最高品質、詳細な白黒の油絵、カリブ海に停泊する一隻の海賊帆船、満月の夜、海にかかるムーンロード」

次に、イラストレーションの例としてリンゴのイラストを生成してみます。

＜プロンプト例４＞

illustration, pencil drawing, ultra-detailed, an apple looks like so delicious, warm light from upper left.

（プロンプト例４の内容）

　「イラスト、鉛筆画、非常に詳細、とても美味しそうなリンゴ、左上から暖かい光」

◎プロンプト例３の生成画像◎

【海賊帆船】

best quality, detailed, black and white oil painting,one pirate
sailing ship at anchor in Caribbean sea,full moon night,
moon load on the sea.

（Stable Diffusionで作成）

◎プロンプト例４の生成画像◎

【美味しそうなリンゴ】

illustration, pencil drawing, ultra-detailed,an apple looks like
so delicious,warm light from upper left.

（Stable Diffusionで作成）

「スタートレック ヴォイジャー」(STAR TREK VOYAGER)
<ボーグ（機械人間）に改造された人間>

　これは、1995年に始まった米国のSF・テレビドラマです。

　「スタートレック　ヴォイジャー」は、「スタートレック」（TOS）、「新スタートレック」（TNG）、「スタートレック　ディープ・スペース・ナイン」（DS9）に続く、スタートレックシリーズの4番目のシリーズで、私が気に入っているシリーズの1つです。ヴォイジャーの艦長は、スタートレックシリーズでは初の女性艦長であるキャスリン・ジェインウェイ（ケイト・マルグルー）です。

　地球の存在するアルファ宇宙域のプラズマストームが荒れ狂う難所「バッドランド」を調査中に、正体不明のビームに捕獲され、一瞬にして地球からおよそ7万光年も彼方のデルタ宇宙域深部に飛ばされてしまい、最新型宇宙船ヴォイジャーの最大ワープ速度をもってしても、何十年もかかる地球までの道のりを旅することになるところからシリーズの物語が始まります。

　このシリーズでは、人類と敵対している機械種族・ボーグ集合体により、少女のときに機械に同化（サイボーグ化）させられてしまったセブン・オブ・ナイン（ジェリー・ライアン）を救出し、ボーグの影響を排除するために、極力、機械化された部分を取り除く手術を施し、人間性を取り戻す手助けをする過程を描いた物語があります。

　しかし、脳に直接埋め込まれて接続されてしまった、生存に必要なエネルギー生成ユニットとそのインターフェイスは最後まで取り除けないという話になっています。

　リスクの程度は低いかもしれませんが、176ページで述べる侵襲型のブレイン・マシン・インターフェイス（Brain Machine Interface：BMI）による身体機能を代替・補完する各種機械も、不可逆的な面があると考えられるので、その装着に際しては十分な検討が必要かもしれません。

6章

ChatGPTの
活用のしかた

　6章では、ChatGPTは何ができるのか、どのように活用できるのか、ということについて、具体的にその活用例を紹介していきます。これらを参考に、皆さんの職業や業務、趣味などにおいての活用方法を考えてみてください。

44 対話（その１）

(AI) ChatGPTとの対話を試してみます

　実際にChatGPTのメッセージ入力フィールドにテキストを
入れてみて、どのような応答が返ってくるのか試してみます。

（著者）

　こんにちは！

（ChatGPT）

　こんにちは！　お気軽にどのようなお手伝いができるか教え
てください。

（著者）

　ChatGPTについて教えてください。

（ChatGPT）

　もちろんです！　ChatGPTは、Open AIが開発した自然言
語処理のモデルの一種で、ＧＰＴ（Generative Pre-trained
Transformer）シリーズの一部です。ＧＰＴは、大規模なテキ
ストデータセットを用いて事前に訓練されたモデルで、その後、
特定のタスクに転移学習されることがあります。

　ChatGPTは、ユーザーとの自然でインタラクティブな対話
を通じてコミュニケーションを行なうことを目的としています。

　大量のテキストデータを学習し、その知識をもとにして質問
に答える、指示を実行する、会話を続けるなどのタスクに使用
できます。

　ただし、モデルはあくまで機械学習にもとづいており、特定
のコンテキストに関する正確な情報を提供できる一方で、時に

6
章

ChatGPTの活用のしかた

◎対話中のChatGPT対話画面のイメージ◎

You
こんにちは！

ChatGPT
こんにちは！　お気軽にどのようなお手伝いができるか教えてください。

You
ChatGPTについて教えてください。

ChatGPT
もちろんです！　ChatGPTは、OpenAIが開発した自然言語処理のモデルの一種で、GPT（Generative Pre-trained Transformer）シリーズの一部です。GPTは、大規模なテキストデータセットを用いて事前に訓練されたモデルで、その後、特定のタスクに転移学習されることがあります。

ChatGPTは、ユーザーとの自然でインタラクティブな対話を通じてコミュニケーションを行なうことを目的としています。

Message ChatGPT…

は誤った情報や不適切な回答を生成することもあります。

　ご質問があればどんどんどうぞ！

....

　上記のような応答が返ってきました。なかなか面白いと思いませんか。

109

 ChatGPTとの対話を続けます

さらに質問をしてみます。

（筆者）

　Open AIとは何ですか？

（ChatGPT）

　Open AI（Open AI LP）は、人工知能（AI）の研究と開発を行なう非営利団体およびその後続の企業です。Open AIは、2015年にイーロン・マスク（Elon Musk）、サム・アルトマン（Sam Altman）、グレッグ・ブロックマン（Greg Brockman）、イリヤ・サツケバー（Ilya Sutskever）、ジョン・シュルマン（John Schulman）らによって設立されました。

　Open AIのミッションは、「人類全体に利益をもたらす形で、人工知能が安全で強力である未来を実現すること」です。初期の非営利団体としてスタートしましたが、後にOpen AI LP（Limited Partnership）として法人化され、さらなる資金調達を行ないながら、より大規模なプロジェクトを推進しています。

　Open AIは、機械学習と人工知能に関する先進的な研究を行ない、その成果物を一般に公開しています。また、GPT（Generative Pre-trained Transformer）シリーズなどの大規模な自然言語処理モデルを開発し、これらは幅広いタスクに利用されています。

　なお、上記対話の内容は、この回答の時点での情報であり、

【ChatGPTの公開（2022年11月）】
OpenAIは、ChatGPTと呼ばれる文章生成AIを公開しました。

【GPT-3の発表（2020年6月）】
GPT-3は、OpenAIが開発した最も大規模な言語モデルであり、1兆ものパラメータをもっています。これは、自然言語処理のタスクにおいて驚異的な性能を発揮します。

【非営利組織からの変更（2019年3月）】
OpenAIは初期には非営利組織としてスタートしましたが、2019年には、技術の発展に対処するために必要な資金を確保するために、非営利法人であるOpenAI LPとその子会社であるOpenAI Inc.に変更されました。

【GPT-2の発表（2019年2月）】
OpenAIは、Generative Pre-trained Transformer 2（GPT-2）と呼ばれる強力な言語モデルを発表しました。

【設立（2015年12月）】
初期の目標は、強力で安全な人工知能の開発と普及を促進することでした。

　OpenAＩの具体的な進展やプロジェクトに関しては、今後の状況により変化する可能性があります。

　OpenAＩの歴史についてまとめると、上図のようになります。

46 対話（その３）

　それでは次に、ChatGPT を使用すると何ができるようにな
るのか、相談してみましょう。

....

（著者）

　ChatGPT を使用すると何ができるようになりますか？

（ChatGPT）

　ChatGPT を使用すると、以下のようなことができます。

１．自然な対話：ChatGPT は自然な言語生成に優れており、
　　ユーザーとの対話を通じてさまざまなトピックでコミュニケ
　　ーションを行なうことができます。

２．質問応答：ユーザーが質問を投げかけると、ChatGPT は
　　その質問に答えることができます。一般的な知識や情報にも
　　とづいて回答します。

３．テキスト生成：ChatGPT は文章の生成にも利用できます。
　　たとえば、文章の要約、翻訳、創作などに活用することがで
　　きます。

４．プログラミングの支援：プログラミングコードの生成やプ
　　ログラミングに関する質問の回答を得たりするのに利用でき
　　ます。

５．学習の支援：新しいトピックについて学びたい場合、
　　ChatGPT は基本的な情報を提供するのに役立ちます。

　ただし、ChatGPT は一般的な知識にもとづいており、特定

◎ChatGPTでできること◎

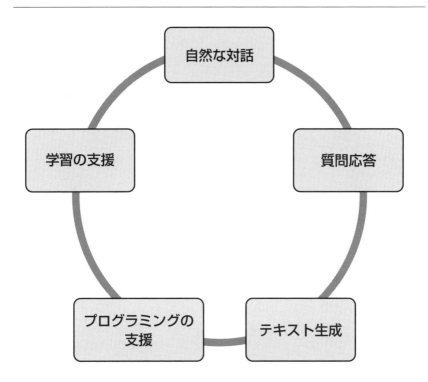

のドメインや業界の専門知識が必要な場合は、それに対応する
トレーニングが必要です。また、時には誤った情報を生成する
ことがあるため、注意が必要です。

　ChatGPTはあくまでも言語モデルであり、機械学習の範疇
に限られます。特に、セキュリティやプライバシーに関連する
情報など、慎重な取扱いが必要な場合は注意が必要です。

　ChatGPTは、いろいろと面白いことができそうですね。

相談

🔔 ChatGPTを使うと何ができるか相談しました

　私は中小企業診断士の資格を保有していますので、たとえば中小企業診断士がChatGPTを使用すると、何ができるようになるのか聞いてみましょう。

・・・

（著者）

　中小企業診断士がChatGPTを使用すると何ができるようになりますか？

（ChatGPT）

　中小企業診断士がChatGPTを利用することで、さまざまな業務で効率性向上や情報収集のサポートが期待されます。以下は、その例です。

1．情報検索と調査：ChatGPTは広範なトピックに関する知識をもっています。中小企業診断士はChatGPTを使用して、法規制や業界の動向、ビジネス戦略に関する情報を簡単に検索し、必要なデータを収集することができます。

2．文書生成とレポート作成：ChatGPTは文章生成に優れているため、中小企業診断士は、レポートや提案書、ビジネスプランの起案など、さまざまな文書の作成を支援できます。

3．業務相談：ChatGPTを利用して業務に関する質問や相談を行なうことができます。たとえば、経営戦略の提案や問題解決のアイデアを得るのに役立ちます。

4．トレーニングと教育：ChatGPTを利用して、新しいビジネスコンセプトやトレンドに関するトレーニングを行なった

◎中小企業診断士がChatGPTでできること◎

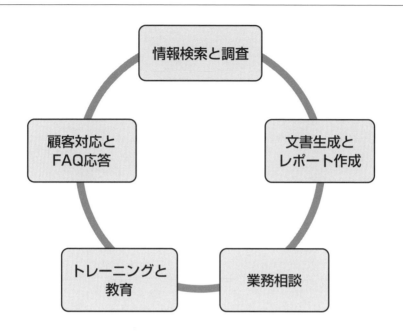

り、従業員に向けた教育資料を生成したりすることができま
す。

5．顧客対応とＦＡＱ応答：ChatGPTを利用して、ウェブサ
　イトやＦＡＱ（よくある質問）への対応を自動化したり、顧
　客からの質問に効率的に応答したりすることができます。

　ただし、ChatGPTはあくまでもツールであり、中小企業診
断士の専門的な判断や経験に代わるものではありません。特に、
法的なアドバイスや専門的な知識が必要な場合は、それに従っ
た対応が必要です。

　あらら、飛躍的に中小企業診断士の業務の生産性向上が図れ
そうです。

　私もChatGPTの活用を頑張らないといけませんね。

48 物語

AI 童話を創作してみましょう

ChatGPTは文章の生成に利用できるとのことですから、小説や童話などの創作に活用できないか試してみます。

（著者）

うさぎと亀の物語を500字以内で生成してください。条件は、以下のとおりです。

山の麓のスタート地点からゴールのある頂上まで、どちらが先に着くか競争します。うさぎは、よく昼寝をしてしまいます。亀は、こつこつとものごとを行ないます。くま、きつね、りす、ことりが応援しています。

（ChatGPT）

昔々、山の麓に住むうさぎと亀は、山の頂上にある美しい庭園への旅に出かけることになりました。そこで、どちらが先に頂上に到達するかを決めるかけっこ競争が開催されました。

スタート地点にはくま、きつね、りす、ことりが応援に駆けつけ、仲間たちの歓声が山谷に響きわたります。競争が始まると、うさぎは素早いスタートを切り、見事な速さで先頭に立ちました。しかし、のんびりな性格のためか、うさぎは途中で心地よさそうな木陰を見つけ、つい昼寝に誘われてしまいました。

一方の亀は、のんびりではなく地味ながらも着実な歩みで前進。こつこつと進むその姿勢に、仲間たちも感動を覚えます。山の中腹でくまが叫ぶ、「亀さん、頑張って！」。きつね、りす、ことりも続けざまに応援の言葉を送ります。

うさぎが昼寝から目を覚ますと、亀はゴールが近くなっていることに気づきました。うさぎは焦ってダッシュを開始しましたが、亀はコツコツと歩む姿勢を崩さず、着実に頂上をめざしていました。

◎うさぎと亀の物語◎

昔々、山の麓に住むうさぎと亀は、山の頂上にある美しい庭園への旅に出かけることになりました。そこで、どちらが先に頂上に到達するかを決めるかけっこ競争が開催されました。

とうとう、亀が頂上のゴールに到達しました。仲間たちは大歓声を上げ、拍手喝采しました。亀は地道な努力が報われ、頂上からの美しい景色を楽しむことができました。

うさぎはゴールに到達できなかったものの、仲間たちの応援と温かい言葉で慰められました。「冒険は結局、仲間との楽しさが大切なのかもしれないね」と、うさぎは微笑みながら言いました。仲間たちはともに山の頂上で素晴らしい冒険を楽しみました。

さあ、出来栄えはいかがでしょうか？

ちょっとおかしな部分もかなりありますが、大筋のストーリー構成や、童話として伝えたい内容はおおむね含まれているのではないでしょうか？

この文章をもとに作家が修正を入れれば、1つの童話がつくれる気がしませんか。

翻訳（その１）

うさぎと亀の物語を英語に翻訳してみましょう

ChatGPTは、翻訳もできるということなので、前項で生成した、うさぎと亀の物語の一部を英語に翻訳してみましょう。

（著者）

次の物語を英語に翻訳してください。

昔々、山の麓に住むうさぎと亀は、山の頂上にある美しい庭園への旅に出かけることになりました。そこで、どちらが先に頂上に到達するかを決めるかけっこ競争が開催されました。

スタート地点にはくま、きつね、りす、ことりが応援に駆けつけ、仲間たちの歓声が山谷に響きわたります。競争が始まると、うさぎは素早いスタートを切り、見事な速さで先頭に立ちました。しかし、のんびりな性格のためか、うさぎは途中で心地よさそうな木陰を見つけ、つい昼寝に誘われてしまいました。

（ChatGPT）

Once upon a time, a rabbit and a turtle living at the foot of a mountain decided to embark on a journey to the beautiful garden at the mountain's summit. To determine who would reach the top first, a footrace competition was organized.

At the starting point, a bear, a fox, a squirrel, and a bird gathered to cheer, and

◎日本語の物語の英語への翻訳◎

日本語　　　　　　　　　　英語

昔々、山の麓に住むうさぎと亀は、山の頂上にある美しい庭園への旅に出かけることになりました。そこで、どちらが先に頂上に到達するかを決めるかけっこ競争が開催されました。
スタート地点にはくま、きつね、りす、ことりが応援に駆けつけ、仲間たちの歓声が山谷に響きわたります。競争が始まると、うさぎは素早いスタートを切り、見事な速さで先頭に立ちました。しかし、のんびりな性格のためか、うさぎは途中で心地よさそうな木陰を見つけ、つい昼寝に誘われてしまいました。

Once upon a time, a rabbit and a turtle living at the foot of a mountain decided to embark on a journey to the beautiful garden at the mountain's summit. To determine who would reach the top first, a footrace competition was organized.
At the starting point, a bear, a fox, a squirrel, and a bird gathered to cheer, and the cheers of their companions echoed through the mountain valley. As the race began, the rabbit took off with a swift start, seizing the lead with impressive speed. However, perhaps due to its laid-back nature, the rabbit found a cozy shade along the way and was tempted into taking a nap.

the cheers of their companions echoed through the mountain valley. As the race began, the rabbit took off with a swift start, seizing the lead with impressive speed. However, perhaps due to its laid-back nature, the rabbit found a cozy shade along the way and was tempted into taking a nap.

翻訳の結果についてですが、人手による修正は、まったく必要のないレベルではないでしょうか。

50 翻訳（その２）

翻訳可能な言語はどのくらい？

さらに、翻訳可能な言語は、いくつあるのか、ChatGPTに
聞いてみます。

（著者）

　翻訳可能な言語は、いくつありますか？

（ChatGPT）

　私は多くの言語に対応しており、以下はその一部です：

1．英語　　　　　　　7．オランダ語
2．スペイン語　　　　8．ロシア語
3．フランス語　　　　9．中国語（簡体字と繁体字）
4．ドイツ語　　　　 10．日本語
5．イタリア語　　　 11．韓国語
6．ポルトガル語　　 12．アラビア語

　これに加えて、多くの他の言語にも対応しています。言語の
翻訳や質問に関するサポートが必要な場合は、お気軽にお知ら
せください。

　たぶんChatGPTは、地球上に存在する、ほとんどの言語に
対応するようになるでしょうし、さらに、いまは使われていな
い古い言語にも対応してくれるようになると楽しいですね。

◎翻訳が可能な言語◎

 英語　 ドイツ語　オランダ語　 韓国語

 日本語　翻訳

 スペイン語　 イタリア語　 ロシア語　 アラビア語

 フランス語　 ポルトガル語　 中国語　 その他言語

51 プログラム（その１）

🆎 三角形の面積を求めるプログラムをつくりましょう

　技術系以外の人には、少しハードルが高くなるかもしれませんが、ChatGPTは、「プログラミングの支援」ができるということなので、簡単なプログラムをつくってみましょう。

　皆さんが理解をしやすいように、三角形の面積を求めるプログラムの生成をChatGPTにお願いしてみます。ＡＩ系のプログラムは、Python（パイソン）という言語でつくられているので、Pythonを指定してみます。

･･

（著者）

　三角形の面積を求めるプログラムをPythonで生成してください。

（ChatGPT）

　以下は、Pythonで三角形の面積を求める簡単なプログラムです。プログラムでは、ユーザーに三角形の底辺と高さを入力してもらい、それをもとに面積を計算します。

```
def calculate_triangle_area(base, height):
    # 三角形の面積を計算する関数
    area = 0.5*base*height
    return area
def main():
    # ユーザーに底辺と高さの入力を求める
    base = float(input("三角形の底辺の長さを入力して下さい:"))
    height = float(input("三角形の高さを入力して下さい:"))
```

◎プログラム生成のChatGPT対話画面のイメージ◎

You
三角形の面積を求めるプログラムをPythonで生成してください。

ChatGPT
以下は、Pythonで三角形の面積を求める簡単なプログラムです。プログラムでは、ユーザーに三角形の底辺と高さを入力してもらい、それをもとに面積を計算します。

```Python
                                                        Copy code
def calculate_triangle_area(base, height):
    # 三角形の面積を計算する関数
    area = 0.5 * base * height
    return area
def main():
    # ユーザーに底辺と高さの入力を求める
    base = float(input("三角形の底辺の長さを入力して下さい："))
    height = float(input("三角形の高さを入力して下さい："))
    # 面積を計算
    area = calculate_triangle_area(base, height)
    # 結果を表示
    print(f"三角形の面積は {area} です。")
if __name__ == "__main__":
    main()
```

Message ChatGPT…

```
    # 面積を計算
    area = calculate_triangle_area(base, height)
    # 結果を表示
    print(f"三角形の面積は{area}です。")
if __name__ == "__main__":
    main()
```

このプログラムでは、calculate_triangle_area関数が底辺と高さを受け取り、それにもとづいて三角形の面積を計算します。main関数では、ユーザーに対話的に底辺と高さを尋ね、計算結果を表示します。

52 プログラム（その2）

(AI) ほかのプログラミング言語で生成できるもの

　Python以外のプログラミング言語では、何が生成できるか
ChatGPTに聞いてみます。

....

（著者）

　Python以外のプログラミング言語では、何が生成できます
か？

（ChatGPT）

　私はさまざまなプログラミング言語に対応しており、一般的
な用途では以下のようなコードを生成できます：

1．データ処理および解析

・R言語やMATLABでのデータ分析用のコード生成。

2．Web開発

・JavaScript、HTML、CSSを用いたWebアプリケーション
のフロントエンドおよびバックエンドのコード。

3．モバイルアプリ開発

・JavaやKotlinでのAndroidアプリケーション開発のための
コード生成。

・SwiftでのiOSアプリケーション開発のためのコード生成。

4．デスクトップアプリ開発

・JavaやC#でのデスクトップアプリケーション開発のため
のコード生成。

5．システムプログラミング

・C、C++、Rustでのシステムプログラミングのためのコー

◎プログラムの生成◎

ド生成。

6．サーバーサイド開発
　・Node.js、Ruby、PHP、Go、ScalaなどでのWebサーバーやAPIのためのコード生成。
7．データベース操作
　・SQLを用いたデータベースのクリエ生成。
8．機械学習
　・PythonやRでの機械学習モデルのトレーニングや評価のためのコード生成。

　なお、生成されるコードの正確性や最適性は、入力に依存し、特定のタスクや要件にもとづいて調整が必要です。特定の用途や要望があれば、詳細な情報を教えていただければと思います。

　システムエンジニアやプログラマーにとっては、かなり便利な支援ツールとなるのではないでしょうか。

125

演習問題（TOEIC）

演習問題として、TOEICの問題を作成することができるか、ChatGPTで試してみましょう。

（著者）

TOEICの問題を１問つくれますか？

（ChatGPT）

もちろんです！　以下に、TOEICスタイルのリーディング問題を１問作成します。質問に対する正しい選択肢は、それに続く選択肢のなかからお選びください。

Question:

Read the following passage and answer the question that follows.

Passage:

John Smith, the CEO of XYZ Corporation, will be giving a presentation on the latest advancements in technology at the upcoming conference. The presentation will take place on Friday, March 15th, from 2:00 PM to 4:00 PM in the Grand Ballroom of the City Conference Center. Attendees are encouraged to arrive early as seating is limited.

Question:

When is John Smith's presentation scheduled

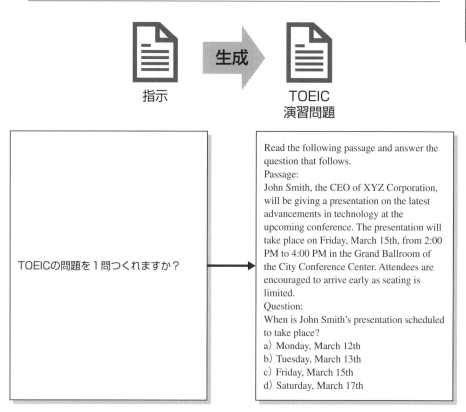

指示

生成

TOEIC
演習問題

TOEICの問題を１問つくれますか？

Read the following passage and answer the question that follows.
Passage:
John Smith, the CEO of XYZ Corporation, will be giving a presentation on the latest advancements in technology at the upcoming conference. The presentation will take place on Friday, March 15th, from 2:00 PM to 4:00 PM in the Grand Ballroom of the City Conference Center. Attendees are encouraged to arrive early as seating is limited.
Question:
When is John Smith's presentation scheduled to take place?
a) Monday, March 12th
b) Tuesday, March 13th
c) Friday, March 15th
d) Saturday, March 17th

to take place?

a) Monday, March 12th

b) Tuesday, March 13th

c) Friday, March 15th

d) Saturday, March 17th

TOEICのリーディング問題が１問、作成されました。

AI 大学入試の問題作成を試してみました

演習問題として、大学入試の問題を作成することができるか、ChatGPTで試してみましょう。

（著者）

大学入試の数学の問題で、整数問題を1つ作成してください。

（ChatGPT）

もちろんです。以下は、大学入試数学の問題の一例です。

問題：

自然数nに対して、次の条件を満たす整数xを求めよ。

$2x^2 - 5x + 3n - 1 = 0$

選択肢：

A）$x = n - 2$

B）$x = n + 1$

C）$x = n$

D）$x = n - 1$

この方程式を解くことで、整数xの値を求め、選択肢から正しいものを選んでください。解答をお知らせいただければ、確認させていただきます。

とりあえず、希望する分野の何らかの演習問題は作成してくれそうですね。

実は、上記の大学入試数学問題の解答の説明を求めたら、説明の計算が間違っていました。その計算の間違いを修正させる

◎大学入試の演習問題の作成◎

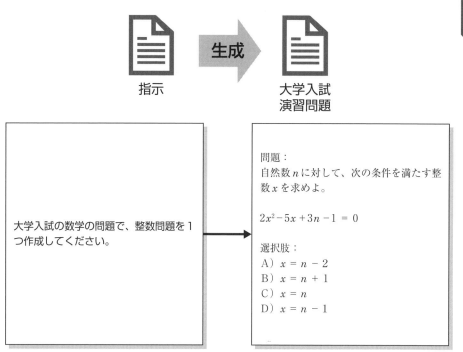

生成

指示

大学入試
演習問題

大学入試の数学の問題で、整数問題を1つ作成してください。

問題：
自然数 n に対して、次の条件を満たす整数 x を求めよ。

$$2x^2 - 5x + 3n - 1 = 0$$

選択肢：
A）$x = n - 2$
B）$x = n + 1$
C）$x = n$
D）$x = n - 1$

ためには、ちょっとしたやり取りが必要でした。

ChatGPTは、本質的に大規模言語モデルをベースにしているので、おのずとその限界は想像できるのですが、非常に革新的で便利なＡＩツールだということを否定するものではありません。

6章

ChatGPTの活用のしかた

129

55 キャッチコピー

　ChatGPTにキャッチコピーがつくれるか聞いてみて、つくれるようなら、キャッチコピーをつくってみましょう。

....

（著者）

　キャッチコピーをつくることはできますか？

（ChatGPT）

　はい、もちろんです！　どのようなキャッチコピーを作成したいですか？　具体的なテーマや製品・サービスに関する情報を教えていただければ、より適切なキャッチコピーを提案できます。

（著者）

　以下のコンセプトが伝わるように、空飛ぶ自動車のキャッチコピーをつくってください。

　近未来社会では、若者から老人までが利用可能であること。
　誰もが購入することができ、かつ安全であること。

（ChatGPT）

　「未来がいま、誰もが舞い上がる。
　若者も老人も共感する、安全な自由の翼。
　誰もが手にする、空飛ぶ自動車。」

....

　これが、ChatGPTが生成した、キャッチコピーです。

◎空飛ぶ自動車のキャッチコピー◎

未来がいま、誰もが舞い上がる。
若者も老人も共感する、安全な自由の翼。
誰もが手にする、空飛ぶ自動車。

　読者の皆さんは、「よい出来だ」「そこそこかな」「全然ダメ」
など、いろいろな感想をもたれたことでしょうが、少なくとも
将来への可能性については、何かを感じられたのではないでしょうか。

56 情報検索（その１）

　著者の資格である中小企業診断士がChatGPTを利用することで、情報収集のサポートが期待されるということでしたので、「情報の検索と調査」に活用してみます。

....

（著者）
　宇宙ビジネスの現状について教えてください。
（ChatGPT）
1．商業ロケットの台頭：宇宙産業の最大の変化の１つは、商業ロケットの登場と発展です。企業としては、SpaceX（イーロン・マスク氏の企業）、Blue Origin（ジェフ・ベゾス氏の企業）、Rocket Labなどが注目されています。これらの企業は民間宇宙旅行や商業打ち上げサービスを提供しており、従来の政府主導の宇宙開発に挑戦しています。

2．民間宇宙旅行：SpaceXが開発したクルードラゴンやスターシップなどの宇宙船を利用して、民間宇宙旅行が実現しています。一般の個人や観光客が宇宙へ旅行する機会が増えています（スターシップでは、まだなので、すべてが正確ではない）。

3．衛星通信の急速な進化：衛星通信はますます重要となり、大手テクノロジー企業や新興企業が大規模な衛星ネットワークの構築に着手しています。これにより、地球上のあらゆる場所に高速かつ安定したインターネット接続が可能になります。

◎宇宙ビジネスの現状◎

【商業ロケット】 【民間宇宙旅行】　【月面探査・有人火星
　　　　　　　　　　　　　　　　　　ミッション】　　　　　【宇宙観測・
　　　　　　　　　　　　　　　　　　　　　　　　　　　　　　探査ミッション】

クルードラゴン

ジェイムズ・ウェッブ

【衛星通信】

【宇宙鉱山】

ファルコン

アルテミス　スターシップ

スターリンク

4．月面探査と有人火星ミッション：NASAや他の宇宙機関、そして民間企業は月面探査に注力しています。また、有人火星ミッションに向けた計画も進行中です。これらのミッションは、将来の宇宙探査と有人宇宙飛行の展望を拓くものとされています。

5．宇宙観測と探査ミッション：宇宙望遠鏡や宇宙探査機を活用した科学的なミッションが進行中です。地球外の天体の観測や太陽系の探査が行なわれ、新たな知識が得られています。

6．宇宙鉱山業：宇宙には地球上には存在しない資源が豊富に存在する可能性があり、その資源採掘に関する概念や技術が検討されています。特に、月や小惑星からの資源採掘に対する関心が高まっています。

宇宙ビジネスは未だ進化途上であり、技術の進歩や新たなビジネスモデルの創出によって、今後も大きな変革が期待されています。

57 情報検索（その2）

AI 衛星ネットワークの構築について聞きました

　前項で出てきた宇宙ビジネスの1つである衛星ネットワークについて、その衛星ネットワークの構築に取り組んでいる企業についてChatGPTに聞いてみます。

....

（著者）

　具体的に衛星ネットワークの構築に取り組んでいる企業はどこですか？

（ChatGPT）

　衛星ネットワークの構築に取り組んでいる企業は複数あります。以下は、特に注目されている企業の一部です。

なお、宇宙産業は急速に変化しており、新たな進展があるかもしれませんので、最新の情報を確認することが重要です。

1．SpaceX

SpaceXはStarlinkと呼ばれる大規模な低軌道衛星コンステレーションを展開しています。これは、高速かつ低遅延のブロードバンドインターネットサービスを提供することを目的としています。

2．OneWeb

　OneWebは、低軌道に数百の衛星を配置することで、全世界に広がるブロードバンドサービスを提供する計画を進行中です。

3．Amazon（Project Kuiper）

　アマゾンは、Project Kuiperとして知られる計画で、3,200以上の低軌道衛星を打ち上げ、地球上の広範な地域に高速イン

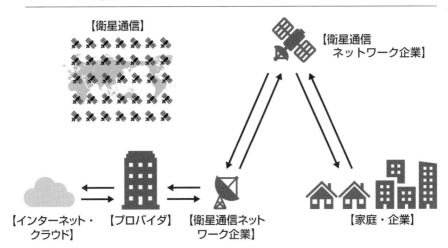

◎衛星ネットワークによるインターネット環境◎

【衛星通信】

【衛星通信ネットワーク企業】

【インターネット・クラウド】　【プロバイダ】　【衛星通信ネットワーク企業】　【家庭・企業】

ターネットアクセスを提供することを計画しています。

4．Telesat

Telesatは、低軌道に大量の衛星を配置し、高品質な通信サービスを提供するLynxプログラムを進行しています。

5．LeoSat

LeoSatは、低軌道において企業向けに高度なデータ通信サービスを提供するための計画を進めていましたが、一時中断された情報もあります。

これらの企業は、地球上のあらゆる場所に高速かつ信頼性の高い通信サービスを提供することをめざしており、宇宙ネットワークの構築に向けて積極的な投資と開発を行なっています。

いかがでしょうか。インターネット上で検索をしても、同様の情報は得られるとは思いますが、ChatGPTは体系的に整理して教えてくれる点にメリットがあると思います。

58 活用に際しての留意点（その１）

不特定多数に情報漏洩することがある

　ChatGPTで入出力したデータはＡＩモデルの学習に利用されます。

　そのため、ChatGPTに個人情報や企業情報（業務上の顧客情報・秘密情報・ノウハウなど）を入力すると、ＡＩモデルがそのデータを学習するので、その後に、第三者がChatGPTを利用すると、当該情報を利用した回答をしてしまい、不特定多数にその情報が漏洩してしまうことがあります。

　そこで、公開したくない個人情報や企業情報（特に、顧客情報・秘密情報・ノウハウなど）については、あらかじめ**情報漏洩についての対策**が必要となります。

AI オプトアウトの設定が欠かせない

　ChatGPTには、**オプトイン**と**オプトアウト**という設定があります。

　オプトインとは、ChatGPTに自分が入力した情報を学習させることを指します。

　一方、オプトアウトとは、ChatGPTに自分が入力した情報を学習させないことを指します。

　したがって、オプトアウトの手続きを行なうことで、データを学習させない設定を行なうことができます。

　特に、企業や行政などが業務でChatGPTを利用する場合には、個人情報や秘密情報・ノウハウなどの入力を禁止するガイドラインを設定して運用するか、ChatGPTで入出力したデータ全般が学習されて情報漏洩しないようにオプトアウトの設定

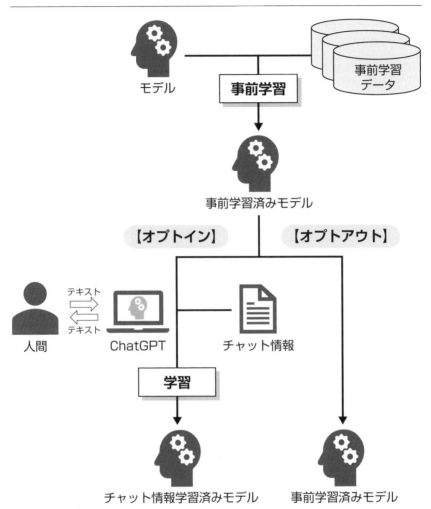

◎オプトインとオプトアウト◎

モデル

事前学習

事前学習データ

事前学習済みモデル

【オプトイン】　　　　　　　【オプトアウト】

人間　　テキスト　　ChatGPT　　チャット情報

学習

チャット情報学習済みモデル　　事前学習済みモデル

をする必要があります。

　オプトインとオプトアウトは、個人情報の取扱いに関連する概念で、オプトインは「選択的同意」（参加）、オプトアウトは「選択的不参加」という意味です。これらは、情報やサービスの提供・利用の際に使用されています。

活用に際しての留意点（その２）

ⓐⓘ ChatGPTのＡＩモデルの環境構築が求められる

　前項で、ChatGPTで入出力したデータはＡＩモデルの学習に利用されるため、オプトアウトの設定をする必要があることを説明しました。

　さて、このような設定では、ChatGPTのＡＩモデルが、個人情報や企業情報（業務上の顧客情報・秘密情報・ノウハウなど）などを学習することができないため、ChatGPTは、当該情報を利用した回答ができないことになります。

　したがって、ChatGPTを活用して、企業が独自に構築した社内のしくみや秘密情報・ノウハウなどをベースにして業務の自動化・効率化を図る場合には、情報漏洩を防ぐために企業ごとにクローズされたChatGPTのＡＩモデルの環境構築が求められます。

　この環境構築に利用できるサービスには、「OpenAI API」と「Azure OpenAI Service」があります。

　このOpenAI APIやAzure OpenAI Serviceを活用すれば、社内用にクローズされたChatGPT環境を構築することができます。

　なお、「OpenAI API」とは、OpenAIが提供する人工知能のAPI（Application Programming Interface）のことです。このAPIを使用することで、OpenAIのモデルを利用し、テキスト生成や自然言語処理のタスク、その他ＡＩ関連のタスクを実行することができます。

　一方、「Azure OpenAI Service」とは、Microsoft社の「Microsoft

◎社内用ChatGPTの環境整備◎

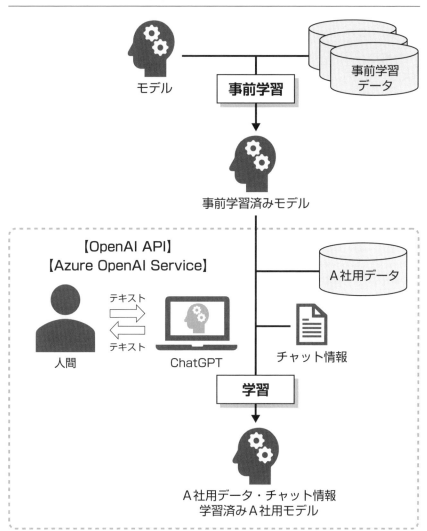

Azure」と呼ばれるクラウドプラットフォームにおいて、OpenAIが手がけるAI（人工知能）を利用できるサービスです。Azureのインフラストラクチャを利用して、OpenAIのAIモデルにアクセスすることができます。

「マトリックス」(The Matrix)
＜メタバースとＡＩ＞

　これは、1999年に公開された米国のＳＦ・アクション・映画です。

　「マトリックス」は、仮想空間（まさにメタバース）を舞台にした人類と機械（いわゆるロボット、コンピュータ、ＡＩ）との戦いを描いています。主人公のトーマス・アンダーソン（キアヌ・リーブス）は、ソフトウェア会社に勤務するプログラマーであり、ネオという名で知られた凄腕ハッカーでもあります。

　ネオのいる世界、つまり人類が現実だと思っている世界は、実は機械によりつくり出された「マトリックス」と呼ばれる仮想空間であり、本当の現実世界では、ネオをはじめとした人間たちは機械に支配され、眠らされているという設定が物語の背景にあります。

　つまり、ネオという存在は、仮想空間「マトリックス」上のゲームのキャラクターということになります。そして、現実世界の人間の脳とそのキャラクターとは、最近の技術で説明すると、ブレイン・マシン・インターフェイス（Brain Machine Interface：ＢＭＩ）で接続されているということになります。そして、さまざまな敵方キャラクターは、ＡＩということになります。

　28ページで紹介した「スタートレック」（STAR TREK、The Original Series）のエピソード「ゆがんだ楽園」は、現実世界を逃れて仮想世界だけで生きることを選ぶ可能性について問題提起しています。

　また、この「マトリックス」（The Matrix）では、敵対する人間や機械（ＡＩ）、異星人などによって眠らされ、ＡＩが管理する仮想世界に閉じ込められていても気がつかないという危険性があることがわかります。

7章

ＡＩによる社会変革は
どのようなものになるのか

進化を続けるＡＩによる社会変革は、どのよう
なものになるのでしょうか。7章では、社会、
人生、ビジネスという観点から考察してみます。

60 社会への影響

 ＡＩが普及すると社会はこんなに変わる

　まず、ＡＩが普及したときに、社会はどのように変わるのか
を考えてみましょう。ＡＩが実装・普及した社会像を想像して
みると、たぶん、以下のような社会になっていくと考えられま
す。

①スマートシティの実現と最適化

　ＡＩが実装・普及したスマートシティでは、交通システムや
エネルギー管理、公共サービスなどが最適化されます。交通の
流れを予測し調整したり、エネルギーの使用を効率化したりす
ることで、都市の機能が大幅に向上すると考えられます。

②健康ケアの最適化

　ＡＩが医療分野において活用されると、健康管理、疾病診断
や治療計画の最適化、薬剤の開発や創薬プロセス（新しい医薬
品の発見・開発）の高度な支援が期待されます。患者のデータ
をリアルタイムで分析し、個別に最適な治療法を提案すること
が可能になると考えられます。

③エネルギー効率の向上

　発電所やエネルギーネットワークにおいて、ＡＩが需要予測
や供給調整に活用され、エネルギーの効率的な利用と再生可能
エネルギーの統合が進むと考えられます。

④セキュリティの向上

　ＡＩがセキュリティ分野に実装・普及することで、サイバー
セキュリティや物理的なセキュリティが向上します。異常検知
や予防策の強化により、システムやインフラの安全性が増すと

◎ＡＩによる社会への影響◎

スマートシティの実現と最適化

エネルギー効率の向上
（需要予測および
供給調整）

セキュリティの向上
（システム・インフラ
安全性の向上）

製造業の効率向上
（完全自動化工場）

教育の進化

健康ケアの最適化

個人の生産性の向上

考えられます。

⑤教育の進化

ＡＩが教育インフラに導入されることで、カスタマイズされた教育コンテンツや学習サポートが提供され、生徒たちがより効果的に学べるようになると考えられます。

⑥製造業の効率向上

生産ラインや製造プロセスにおいてＡＩが活用され、品質管理や製品設計の最適化、リアルタイムな生産計画の調整が行なわれることで、製造業の効率が向上すると考えられます。そして工場は、ＡＩとロボットによる完全自動化工場になっていくでしょう。

⑦個人の生産性の向上

個人の業務や生活においても、ＡＩがタスクの自動化や個人に合わせたアシストを提供するため、個人の生産性向上が期待されます。

61 人生への影響

AI AIを活用する人としない人で大きな差が生じる

　前項で「個人の生産性の向上」をあげましたが、AIを活用することで、人間の生産性を飛躍的に向上させることができると考えられます。

　スマートフォンでも各種AIを利用できるようになるでしょうし、人体にAIデバイスを取り付ける・埋め込むこともできるようになると思います。したがって、子供のころからAIに触れて学習などに取り入れた人とそうでない人では、知識・経験・能力開発などに大きな差が生じてくると容易に推測されます。また、やる気のある人は、AIを活用することで、やりたいことを実現できる可能性が、これまでよりも高まります。

　AIが実装・普及した場合、活用する人と活用しない人では知識・経験・能力開発に大きな差が生じてしまうことになるので、人生においてAIをどのように活用すべきかという観点から、その活用方法を考えてみましょう。

　以下のような活用方法が考えられると思います。

①教育と知識・能力の向上

　AIを活用したカスタマイズされた教育プログラムにより、個々の知識や能力を向上させることができます。学習の進捗を追跡し、個人に対する優れた学習パスを提供することが可能になります。

②職務とキャリアのサポート

　職務においてAIを活用すると、効率的な業務処理やデータ解析、意思決定のサポートが可能になります。これにより、業

◎ＡＩによる人生への影響◎

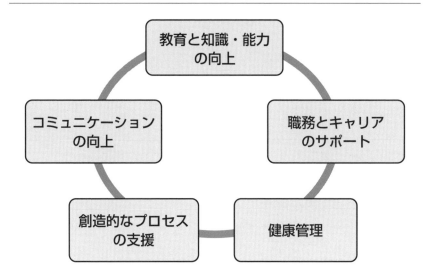

務の生産性を向上させることができます。

③健康管理

　ＡＩを活用して健康データを解析し、個々の健康状態に合わせたアドバイスや予測を得ることができます。

④創造的なプロセスの支援

　ＡＩを活用して新しいアートやデザイン、商品のアイデアを得るなど、創造的なプロセスをサポートすることができます。

⑤コミュニケーションの向上

　自然言語処理を駆使したＡＩを活用することで、より効果的なコミュニケーションが可能になります。日本語だけではなく、すべての外国語に対する、言語の理解や対話の質が向上し、仕事や日常生活でのコミュニケーションが円滑に進むようになるでしょう。英語やその他外国語は、通訳に頼るのではなく、本人が身につけたほうがよいにこしたことはありませんが、ＡＩの活用により、言語による障壁は大幅に低くなるはずです。

ビジネスへの影響

企業活動も仕事のやり方も大きく変わる

　ＡＩが実装・普及した社会において、ビジネスや企業活動には、どのような影響があるのか考えてみます。ChatGPTにも問い合わせてみた結果も踏まえて、まとめてみると、以下のような項目になりました。

①業務プロセスの効率化

　ＡＩは、ルーティンで反復的な業務プロセスを自動化するのに適しています。これにより、企業は業務の効率を向上させ、従業員はより戦略的かつ価値のある業務に集中できるようになります。

②データ解析と意思決定の向上

　ＡＩには、膨大なデータを解析し、優れた予測分析を提供する能力があります。企業は、これを活用してニーズや市場の動向を把握し、各分野での意思決定プロセスをより根拠にもとづいたものにすることができます。

③顧客体験の質の向上

　ＡＩは、顧客へのサービスや製品提供の段階で、顧客体験の質を向上させるのに役立ちます。自然言語処理や会話型ＡＩを活用して、顧客とのコミュニケーションを向上させ、顧客サポートを効果的に行なえます。

④新しい製品・サービスの創造

　ＡＩを用いることで、新しい製品やサービスの創造が可能になります。ＡＩによる創造的プロセスやデザイン支援により、市場において差別化された製品やサービスを提供できます。

また、ＡＩが進化することで、個人の好みや嗜好にもとづいてカスタマイズされた、サービス、製品、コンテンツや体験が提供できるようになります。たとえば、個別に開発されたサービス・製品、個別に生成されたニ

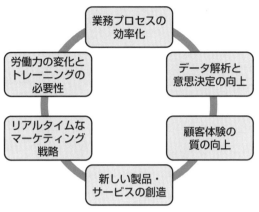

業務プロセスの効率化

データ解析と意思決定の向上

顧客体験の質の向上

新しい製品・サービスの創造

リアルタイムなマーケティング戦略

労働力の変化とトレーニングの必要性

ュース・エンターテインメント・教育コンテンツなどを提供できる可能性があります。

⑤リアルタイムなマーケティング戦略

ＡＩはリアルタイムでデータを処理し、個々の顧客向けに最適化されたマーケティング戦略を提供できます。これにより、効果的な広告キャンペーンや販売促進活動が可能になります。

⑥労働力の変化とトレーニングの必要性

ＡＩの導入に伴い、一部の業務が自動化されることで、労働力の構成が変化する可能性があります。工場などのブルーカラーのみならず、ホワイトカラーの職業も自動化されていきます。

第１次産業革命以来、消滅した職業はたくさんありましたが、ＡＩにより、言語や画像を扱うあらゆる職業、つまりホワイトカラーのほぼすべての職業が脅かされることになります。これに対応するために、従業員のスキルトレーニングやキャリアの再編成が求められるでしょう。つまり、ホワイトカラーからブルーカラーの職業へ、もしくはＡＩができない職業へ移動するなど、非常に深刻な状況に対応していかないといけません。

６３ ＡＩの人生への活用

🅰️ 積極的にＡＩを活用していきましょう

　これからの自分自身の人生を、よりよいもの、充実したもの、満足するものにするためには、さまざまなところで、積極的にＡＩを活用していくべきだと思います。

　知識や能力向上のための学習の側面、会社の業務の側面、趣味・嗜好の側面など、切り口はいろいろありますので、興味があること、好きなことからＡＩを活用してみてはいかがでしょうか。

　会社の業務の側面については、次項のＡＩのビジネスへの活用のところで取り上げますので、まずは、自分自身の知識や能力向上のための学習の側面、趣味・嗜好の側面で、どのようなことができるか、考えてみましょう。

🅰️ より創造性のある職業、業務にシフトしていく

　学習の面では、ＡＩを活用して知識や能力の向上を図り、現在の職業・業務における生産性を向上させることが大切だと思います。

　ＡＩにより、ホワイトカラーを中心に、現在の職業、業務が消失していく可能性があります。一方で、もちろん、新しい職業、業務が生まれてくる可能性もあります。

　したがって、生産性の向上を図るとともに、ＡＩが対応できない、より創造性のある職業、業務にシフトしていく必要があります。

🅰️ プロ並みの作品をつくることも可能に!?

　趣味・嗜好の面では、文章、画像、動画、音楽などにおいて、

◎自分自身の支援が可能になる◎

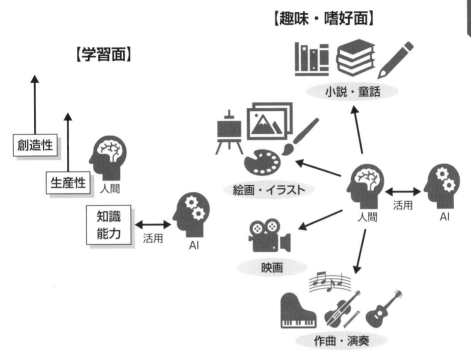

【趣味・嗜好面】

【学習面】

小説・童話

絵画・イラスト

人間

創造性

生産性

知識
能力

活用

AI

映画

人間

活用

AI

作曲・演奏

誰でもアイデアさえあれば、特別なトレーニングをしなくても、AIを活用することで、小説、童話などを書いたり、絵画、イラストなどを描いたり、映画を制作したり、音楽を作曲したりすることができるようになります。

　趣味としては、自分には文章の才能（作文がヘタ）、絵の才能（絵がヘタ、手先が器用でない）、音楽の才能（楽器がひけない）などがないとあきらめていた分野でも、プロ並みの作品をつくることができるので、作品を通しての人々との交流を含め、人生を豊かにすることができると思いますし、副業で始めてみて、新たな職業をめざすのもよいかもしれません。

ＡＩのビジネスへの活用

ビジネスへの影響を理解して活用していく

62項の「ビジネスへの影響」で、ビジネスや企業活動にはどのような影響があるのかをまとめた結果は以下のとおりでした。

ＡＩによるビジネスへの活用という面を考えると、当然、ビジネスにおいて、これらの項目に対して活用することになります。

①業務プロセスの効率化
②データ解析と意思決定の向上
③顧客体験の質の向上
④新しい製品・サービスの創造
⑤リアルタイムなマーケティング戦略
⑥労働力の変化とトレーニングの必要性

社内業務が自動化される

上記の項目を鑑みると、ＡＩが進化することで、究極的には社内業務のほとんどがＡＩに代替されてしまう可能性があります。

したがって、人間は、ＡＩができない分野やより創造性が必要な分野に特化していくことになると思います。

次項以降で、ビジネスにおける経営管理や業務管理、マーケティング、技術開発、生産管理において、ＡＩが活用されることにより、どのような状況になるのかを考えてみたいと思います。

◎社内業務の自動化とは◎

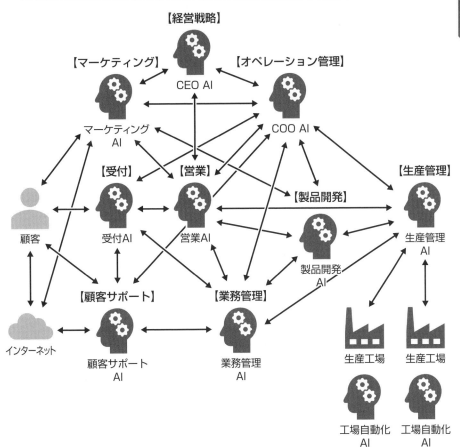

65 経営管理（経営戦略の立案）

AI ChatGPTにフレームワークを聞きました

経営戦略の立案の支援ができるか、ChatGPTに聞いてみましょう。

....

（著者）

経営戦略を立案できますか？

（ChatGPT）

はい、経営戦略を立案するうえでのアドバイスやフレームワークを提供することは可能です。ただし、具体的なビジネスや産業によって異なる要素や状況がありますので、より具体的で効果的なアドバイスを提供するためには、特定の事業や業界に関する詳細な情報が必要です。

....

以下は、ChatGPTにより示された経営戦略立案のためのフレームワークです。それぞれの項目の詳しい内容は次項で説明します。

1．ビジョンとミッションの確立

2．ＳＷＯＴ分析

3．目標の設定

4．市場分析

5．競争戦略

6．事業ポートフォリオの最適化

7．イノベーションと技術戦略

8．人材戦略

◎経営戦略立案のためのフレームワークの提供◎

指示

生成

経営戦略
フレームワーク

経営戦略を立案できますか？

1．ビジョンとミッションの確立
・企業のビジョン（将来の理想像）とミッション（存在理由や目的）を明確にし、これらを経営戦略の基盤とします。
2．SWOT分析：
・内部環境の強み（Strengths）、弱み（Weaknesses）、外部環境の機会（Opportunities）、脅威（Threats）を明確にするSWOT分析を行ないます。
3．目標の設定：
・具体的で測定可能な目標を設定します。これらの目標は、ビジョンやミッションに沿ったものであるべきです。
4．市場分析：
・顧客のニーズや市場動向を分析し、競合他社の動向も把握します。マーケットセグメンテーションや顧客セグメンテーションを行ないます。
5．競争戦略：
・競合他社との差別化や競争優位性を確立するための戦略を策定します。コストリーダーシップか、差別化か、集中戦略かを選定します。
6．事業ポートフォリオの最適化：
・事業ポートフォリオの中から成長が見込まれる部分や利益を上げられる事業を特定し、適切に配置します。
7．イノベーションと技術戦略：
・技術の進化やイノベーションの動向を把握し、これを組織の成長戦略に組み込みます。
8．人材戦略：
・適切な人材を確保し、組織のビジョンや戦略に共感する人材を育成・維持するための戦略を策定します。
9．リスク管理：
・ビジネスに潜むリスクを評価し、適切なリスク管理戦略を構築します。
10．実行とモニタリング：
・立案した経営戦略を実行し、その進捗を定期的にモニタリングし、必要に応じて修正を行ないます。

9．リスク管理
10．実行とモニタリング

153

66 経営管理
（経営戦略立案のフレームワーク）

🔵 ChatGPTで示されたフレームワークの内容

　以下にあげるのは、ChatGPTにより、一般的な経営戦略を立案する際のフレームワークのステップと考慮すべき要素の一例として示された内容です。

1．ビジョンとミッションの確立
● 企業のビジョン（将来の理想像）とミッション（存在理由や目的）を明確にし、これらを経営戦略の基盤とします。

2．SWOT分析
● 内部環境の強み（Strengths）、弱み（Weaknesses）、外部環境の機会（Opportunities）、脅威（Threats）を明確にするSWOT分析を行ないます。

3．目標の設定
● 具体的で測定可能な目標を設定します。これらの目標は、ビジョンやミッションに沿ったものであるべきです。

4．市場分析
● 顧客のニーズや市場動向を分析し、競合他社の動向も把握します。マーケットセグメンテーションや顧客セグメンテーションを行ないます。

5．競争戦略
● 競合他社との差別化や競争優位性を確立するための戦略を策定します。コストリーダーシップか、差別化か、集中戦略かを選定します。

6．事業ポートフォリオの最適化
● 事業ポートフォリオのなかから成長が見込まれる部分や利益

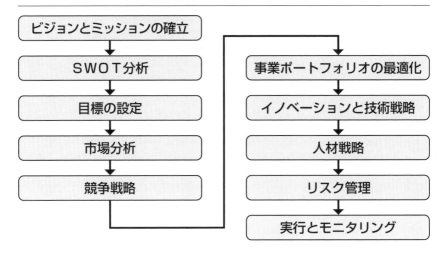

◎経営戦略の立案の実行の手順◎

```
ビジョンとミッションの確立
        ↓
     SWOT分析
        ↓
     目標の設定
        ↓
      市場分析
        ↓
      競争戦略
```

```
事業ポートフォリオの最適化
        ↓
 イノベーションと技術戦略
        ↓
      人材戦略
        ↓
     リスク管理
        ↓
   実行とモニタリング
```

を上げられる事業を特定し、適切に配置します。

7．イノベーションと技術戦略

●技術の進化やイノベーションの動向を把握し、これを組織の成長戦略に組み込みます。

8．人材戦略

●適切な人材を確保し、組織のビジョンや戦略に共感する人材を育成・維持するための戦略を策定します。

9．リスク管理

●ビジネスに潜むリスクを評価し、適切なリスク管理戦略を構築します。

10．実行とモニタリング

●立案した経営戦略を実行し、その進捗を定期的にモニタリングし、必要に応じて修正を行ないます。

　これらのステップは一般的な経営戦略の立案のプロセスの一例です。具体的な状況によっては、これに加えて他の要素やツールが活用されることもあります。

67

経営管理
（経営戦略立案・実行の自動化）

(AI) ＳＷＯＴ分析を自動化する際の考慮事項

　ChatGPTから提供された経営戦略立案のフレームワークは、いかがでしょうか。かなり使えるのではないかと思います。

　ＡＩに特定の業界と自社の情報を教えること、その後に各項目を深掘りしていくことで、おおむねの経営戦略を立案できるのではないでしょうか。そして、各項目に対して個別にＡＩをアサインすること、適切なＩＣＴツールを導入することなどで、自動化も可能になると考えられます。

　自動化を考える１つの例として、ChatGPTが示した**ＳＷＯＴ分析**を自動化する際の考慮事項を以下にあげておきます。

①データの収集と整理

　組織やプロジェクトに関するデータを収集し、整理するプロセスは自動化できます。ただし、一部の情報は主観的であり、自動的に取得するのが難しいかもしれません。

　⇒生成ＡＩとＩＣＴツールにより、可能になると考えられます。

②データの分析

　内部環境の強みや弱み、外部環境の機会、脅威を特定するためには、データの分析が必要です。統計的な手法や機械学習を使用して、データから洞察を得ることができます。

　⇒生成ＡＩとＩＣＴツールにより、可能になると考えられます。

③意思決定のサポート

　ＳＷＯＴ分析の結果にもとづいて意思決定をサポートするた

◎経営戦略の立案・実行の自動化の推進者◎

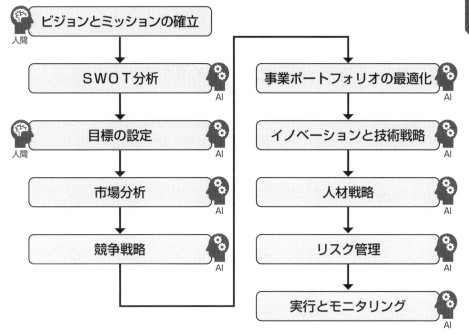

めに、自動的に提案や推奨事項を生成するシステムを構築することが考えられます。これには専門家の意見や経験をモデル化する必要があります。

⇒生成ＡＩにより、可能になると考えられます。

どうでしょうか。上記の内容を鑑みると、将来的に生成ＡＩとＩＣＴツールを活用することで、ＳＷＯＴ分析を自動化できると考えられます。

そして、経営戦略立案のフレームワークの各項目について、同様のことを検討してみることで、各項目の自動化を図ることができます。したがって、これらのことを考えると、既存事業分野のＣＥＯならば、進化したＡＩに代替できる可能性があります。

業務管理（顧客窓口）

68

受付、顧客サポート業務はＡＩに置き換わる

　まず、会社が顧客と接する部分である受付と顧客サポートは、ＡＩに置き換わっていくと考えられます。特に、コールセンター、Web対応などは、ＡＩが得意とするところです。

　電話、Web（ホームページなどからの問い合わせ、クレーム）、メールなどに対しては、ＡＩで十分に対応が取れるようになるため、受付業務、顧客サポート業務は、ＡＩに代替されていきます。

　ただし、あらかじめ会社がビジネスを展開している業界の情報やその会社固有の情報をＡＩに学習させる必要があります。

　ＡＩによる顧客対応の内容は以下のとおりです。

①電話対応

　ＡＩが活用された音声対話システムを導入することで実現できます。顧客が電話で質問や問題を述べると、ＡＩがそれを理解し、適切な情報や対応を提供します。

②Web対応

　Webサイト上での対話環境は、ＡＩが活用されたチャットボットや仮想アシスタントを導入することで実現できます。これらのツールは、ユーザーが質問を入力すると、ＡＩがリアルタイムで応答し、必要な情報を提供します。

③メール対応

　ＡＩが活用された自動応答システムやメールボットを導入することで実現できます。これらのシステムは、受信したメールを分析し、適切な返信を生成します。自然言語処理（ＮＬＰ）

◎顧客窓口の自動化◎

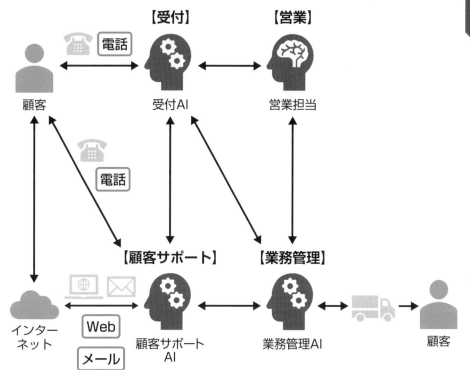

を使用してメールの内容を理解し、適切な内容で返信できるようになっています。

　これらのシステムは、24時間対応可能であり、大量のリクエストに迅速かつ一貫して対応できるため、企業や組織が顧客サポートや情報提供を効果的に行なうのに役立ちます。

業務管理（営業支援）

AI 営業アシスタント業務はＡＩが代替できる

前項の次の段階として、営業支援関係の業務もＡＩに代替されていくと考えられます。

見積書の作成、顧客注文などの受注処理・受注管理、仕入などの発注処理・発注管理、商品・製品などの在庫管理、納品・売上処理など、営業アシスタントや業務管理担当などが行なっている業務は、ＡＩに代替されていくと考えられます。

ＡＩによる営業支援業務の内容は以下のとおりです。

①見積書作成

ＡＩを活用して、顧客の要件やプロジェクトの情報を分析し、自動的に見積書を生成することができます。これにより、効率的で正確な見積書を作成することが可能です。

②受注処理・受注管理

ＡＩを活用して、受注に関する情報を収集し、処理することができます。また、受注データを管理し、必要な情報をリアルタイムで把握することができます。

③発注処理・発注管理

ＡＩを活用して、発注プロセスを自動化することができます。また、社内、およびベンダーやサプライヤーとのコミュニケーションを最適化できます。発注後のトラッキングや状態の管理もＡＩによって行なわれます。

④在庫管理

ＡＩを活用して、受注量と発注量、納期などを把握した在庫管理の自動化を行なうことができます。さらに、ビッグデータ

◎営業支援の自動化◎

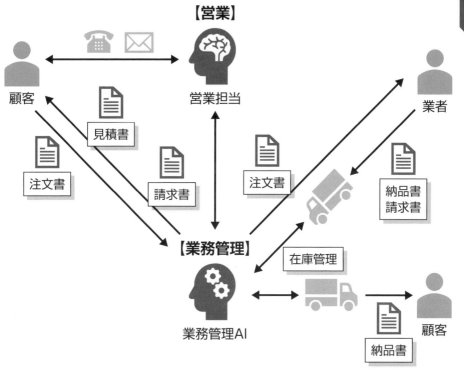

解析や機械学習を使用して、在庫の需要予測や在庫最適化を行なうことができます。これらにより、在庫レベルを最適化し、在庫不足や過剰在庫を回避できます。

⑤納品・売上処理

AIを活用して、配送スケジュールや最適なルートを計算し、効率的な納品プロセスを構築できます。また、納品状況をリアルタイムでモニタリングし、顧客に迅速で正確な情報を提供できます。そして納品後、売上処理も行ないます。

マーケティング

🟦 マーケティングプロセスを効率的に自動化できる

マーケティングにおいては、ＡＩを活用することで、どのようなことが可能になるのでしょうか。

ＡＩによるマーケティングの自動化は可能であり、それは、機械学習やデータ分析、自然言語処理などの技術を活用して、マーケティングプロセスの一部または全体を効果的・効率的に自動化する取り組みになります。以下に、ＡＩによるマーケティング自動化の主な側面をいくつかあげてみましょう。

①データ分析と顧客セグメンテーション

ＡＩは大量のデータを高速かつ精密に分析し、顧客の行動パターンや嗜好を把握します。これにより、顧客セグメンテーションが向上し、ターゲット顧客に向けた個別化されたマーケティングが可能となります。

②予測分析と需要予測

ＡＩ（機械学習など）を活用して、将来のトレンドや需要を予測することができます。これにより、在庫管理やキャンペーンの最適化など、戦略的な意思決定が可能になります。

③個別化されたコンテンツ（商品など）の提供

ＡＩは個々の顧客に最適なコンテンツを提供することができます。顧客の過去の行動や好みにもとづいて、特定のコンテンツや製品を推奨し、より効果的なコミュニケーションを実現することができます。

④顧客コンタクトの自動化

ＡＩを用いたメールマーケティングツールにより、最適な送

信タイミングや個別
の受信者に合わせた
メッセージを自動的
に作成して送信した
り、音声対話システ
ムにより、最適な時
期に電話によるコン
タクトをしたりする
ことができます。ま
た、受信者の反応に

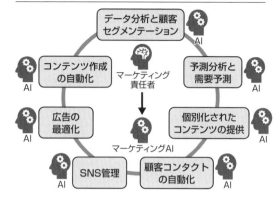

◎マーケティングの自動化◎

応じてキャンペーンを最適化することも可能です。

⑤SNS管理

　AIはソーシャルメディア上でのトレンドやユーザーの反応
をモニタリングし、リアルタイムで適切な対応を提案すること
ができます。また、投稿のスケジュール管理やコンテンツの最
適化も自動的に行ないます。

⑥広告の最適化

　AIは広告プラットフォーム上で広告の表示や配信を最適化
するので、効果的な予算の活用ができるようになります。クリ
ック率の予測や広告の適切なターゲティングによって、広告キ
ャンペーンの成果を向上させます。

⑦コンテンツ作成の自動化

　AIは大量のデータから学習し、自動的に広告コピー、メー
ル本文、ソーシャルメディア投稿などのコンテンツを生成する
ことができます。これにより、マーケティング部門はより迅速
に多様なコンテンツを作成できます。

　そして、究極的には、これらの活動を統括しているマーケテ
ィング責任者も、AIに代替される可能性があります。

71 研究開発

AI プロセスを効率化して革新的アプローチを提供

　ＡＩは研究開発において、以下にあげるような、新しい製品やサービスの開発プロセスを効率化し、革新的なアプローチを提供することができます。

①新製品・新サービスの開発

　ＡＩは大量の情報・データを分析し、新しいアイデアやトレンドを発見することができます。これにより、市場に先駆けて新しい製品やサービスを生み出すための洞察やヒントなどが得られます。

②製品設計と最適化

　ＡＩは製品の設計プロセスを効率的にサポートすることができます。デザイン生成や最適化アルゴリズムを使用して、特定の条件や要件にもとづいた最適なデザインを生成することが可能です。

③研究と開発

　ＡＩは大量な各種データを解析し、新しい技術や素材、その組み合わせなどの探索を行なうことができます。以下に、活用分野を2つほどあげておきましょう。

【新薬探索】

　ＡＩは生物学的データや化学データを解析して、新しい医薬品の開発に貢献することができます。

【素材探索】

　材料設計や開発において、ＡＩが新しい素材の探索や最適化を行なうことができます。

◎研究開発の効率化支援◎

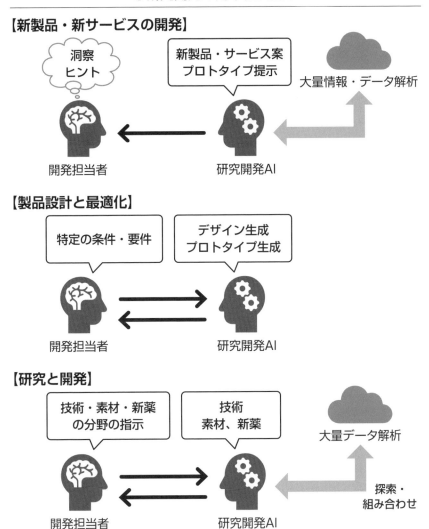

【新製品・新サービスの開発】

洞察
ヒント

開発担当者

新製品・サービス案
プロトタイプ提示

研究開発AI

大量情報・データ解析

【製品設計と最適化】

特定の条件・要件

デザイン生成
プロトタイプ生成

開発担当者

研究開発AI

【研究と開発】

技術・素材・新薬
の分野の指示

技術
素材、新薬

開発担当者

研究開発AI

大量データ解析

探索・
組み合わせ

　まったく新しいもの、価値のあるものを生み出すという面では、ＡＩはまだ人間に及ばないと思いますが、既存の膨大な情報やデータから新製品やサービスの案・プロトタイプを生成・提案することは十分に可能だと思います。

72 生産管理

AI AIによってプロセス最適化や効率向上を実現

　AIは、生産管理においても多くの分野で活用され、生産プロセスの最適化や効率向上に寄与しています。

　以下に、AIが生産管理で活用される主な分野をいくつかあげてみましょう。

①生産計画の最適化

　AIは需要予測や在庫状況などのデータを分析し、生産計画を最適化します。生産量の調整や製品のスケジュール変更などをリアルタイムで行ない、需要に合わせた柔軟な生産が可能となります。

②自動化と自律型ロボット

　AIは自動化システムを制御し、生産ライン上でのAI搭載の自律型ロボットに指示を出し、タスクの効率的な実行を可能にします。これらにより、完全自動化の生産ラインを構築できます。

③品質管理

　AIはビジョンシステムやセンサーデータを活用して、製品の品質を自動的に検査することができます。センサーデータなどの異常や製品の欠陥が検知された場合には、即座に生産ラインを停止するなどの対策を講じることができます。

④予防保全（Preventive Maintenance）

　AIは機械学習を用いて、機械や設備の故障を予測し、予防保全のスケジュールを最適化します。これにより、生産停止のリスクを低減し、保守コストを削減することが可能になります。

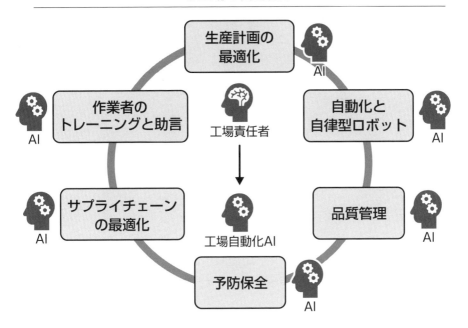

◎工場の自動化◎

生産計画の
最適化
AI

自動化と
自律型ロボット
AI

品質管理
AI

予防保全
AI

サプライチェーン
の最適化
AI

作業者の
トレーニングと助言
AI

工場責任者

工場自動化AI

⑤サプライチェーンの最適化

　ＡＩはサプライチェーン全体をモニタリングし、調達、生産、配送などを効果的に統合することができます。リアルタイムのデータ分析にもとづいて、サプライチェーンの効率を向上させ、適切なリードタイムを確保します。

⑥作業者のトレーニングと助言

　ＡＩは作業者に対してトレーニングを提供し、最適な作業手順やベストプラクティスを教示することができます。また、生産ライン上での作業者に対してリアルタイムで助言を提供し、作業の効率化を支援します。さらに、熟練者の作業を解析して、熟練者のノウハウを見える化することにも活用できます。

　そして究極的には、これらの活動を統括している工場責任者も、工場自動化ＡＩに代替される可能性があります。

「A.I.」
＜初期のＡＩ搭載アンドロイド＞

　これは、2001年に公開された米国のＳＦ・映画です。

　「A.I.」は、愛の感情を組み込まれた少年型アンドロイド、デイビッドの物語です。

　人間とＡＩ搭載ロボットなどが共生している時代に、初めて人間と同じ愛情をもつ少年型アンドロイド、デイビッドが開発され、その開発会社の社員夫妻のもとに試験的に送られるところから物語が始まります。

　ところが、ある事件がきっかけで捨てられてしまいます。愛情の行き場を失った彼は、失意のうちに旅に出ます。どうしたら社員の妻から愛してもらえるのか、その愛を求めて旅を続ける過程で、「ピノキオ」に出てくるブルーフェアリーなら、自分もピノキオと同じように人間にしてもらえる（人間になれば社員の妻から愛してもらえるということ）と夢を抱き、ブルーフェアリーを探し求め、最後は海のなかに朽ち果てた遊園地とブルーフェアリーの銅像を見つけます。

　彼はそこで、エネルギーがなくなり、意識を失う瞬間まで「僕を人間の男の子にして」とブルーフェアリーに願い続けました。

　この物語は、デイビッドが愛情や幸福、家族との絆を求める姿を描きながら、彼が人間のように感じることができるのか、ＡＩと人間との違いや境界は何なのかについて考えさせられる要素が含まれています。

　物語は感動的な結末を迎えるのですが、そのなかでＡＩが感情や欲望をもち、人間と同じように幸福や愛情を求めることによる葛藤や苦悩が描かれています。ここで私たち人類が直面している問題は、ＡＩが人間らしさを模倣し、意識や感情をもつようになった場合、どのように対処すべきかということです。それは、ＡＩをどこまで開発すべきかという問題も含んでいます。

8章

進化するAIと
未来社会を予測すると

　汎用AIが浸透した社会は、どのようなものになるのでしょうか。8章では、周辺技術の進歩も踏まえて、それを予測してみます。

超スマート社会

【AI】 MMIからBMIへ

　AIによりスマート社会が実現されることは説明しました（60項参照）。では、その先はどのようになるのでしょうか。

　現在、ハイテク企業が汎用AIの開発に注力していることについては、紹介しました（16項参照）。AIやコンピュータに関わる技術として重要なものにマン・マシン・インターフェイス（Man Machine Interface：MMI）があります。

　MMIとは、人間とコンピュータや機械との間で情報や指示を交換するための手段やシステムのことです。昔からのものでは、液晶ディスプレイ、キーボード・マウス、タッチスクリーンなど、最近のものでは、VRゴーグルやグーグルグラスなどのヘッドマウントディスプレイ（Head Mounted Display：HMD）、Amazon Echoに代表される音声でコンピュータに指示を与えることができるスマートスピーカーなどがあります。

　そして、いま、ハイテク企業は、ブレイン・マシン・インターフェイス（Brain Machine Interface：BMI）の実用化に向けて、盛んに研究開発を行なっています。

　BMIとは、脳と外部のコンピュータや機械との直接的な通信を可能にする技術やシステムのことです。

　BMIは、脳の活動を検知・解釈し、それにもとづいてコンピュータや機械を制御する、もしくは逆に、コンピュータや機械からの情報を、脳への刺激により伝えるための手段やシステムを提供するものです。

　BMIは、電極等を直接、脳に接触させるか否かという分類

◎BMIによる超スマート社会◎

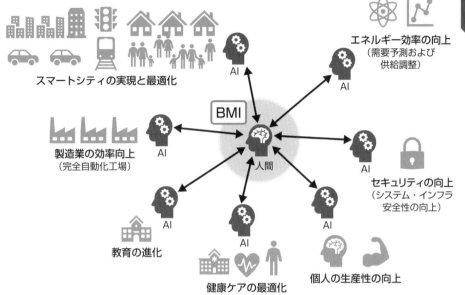

スマートシティの実現と最適化

エネルギー効率の向上
（需要予測および
供給調整）

製造業の効率向上
（完全自動化工場）

BMI

人間

セキュリティの向上
（システム・インフラ
安全性の向上）

教育の進化

健康ケアの最適化

個人の生産性の向上

で、侵襲式と非侵襲式に分けられます。侵襲式BMIの開発で
は、イーロン・マスク氏のニューラリンク（Neuralink）社が
有名です。

　ニューラリンク社は、さまざまな身体障害や精神疾患をBM
Iにより治療すること、AIが進歩・普及した時代において、
人間がAIに対して優位性を保つために人間の機能を拡張する
こと、究極的にはAIと融合し共存することなどを目標として
います。

　このニューラリンク社のBMIなどにより、社会に実装され
た汎用AIと人間は、脳で直接対話をすることができるように
なります。

　まさに、SFで描かれた社会が到来することになるかもしれ
ません。

74 汎用ＡＩとロボット

(AI) 人間は汎用ＡＩに拮抗していく必要がある

　日常的なタスクの処理において、汎用ＡＩの能力は、人間の能力を超えることは確実です。その場合、われわれ人間としては、何らかの方法で能力を高めて、汎用ＡＩに拮抗していく必要があると思います。

　たぶん、人間の能力を支援・拡張するための**アシストＡＩ**（これも汎用ＡＩになりますが）を装着し、ＢＭＩでコミュニケーションを取り、少なくとも情報処理のスピード面で汎用ＡＩのレベルに追いつくような工夫が必要となるでしょう。

(AI) アンドロイドとのコミュニケーションも可能に

　次に、ロボットについてですが、工場のロボットは人間の形をしていなくてもよいですが、一般社会での業務支援のために、汎用ＡＩを搭載した自律型人型ロボットも開発されています。

　たぶん、五感も実装され、人工的な皮膚も人間の皮膚と変わらないようになります。ＳＦ映画や小説などに出てくる**アンドロイド**の登場です。

　そして、アンドロイドとのコミュニケーションもＢＭＩにより、脳で直接、対話をするようになるでしょう。もちろん、従来どおり、音声によるコミュニケーションも可能でしょうが。

◎汎用ＡＩとアンドロイドの登場◎

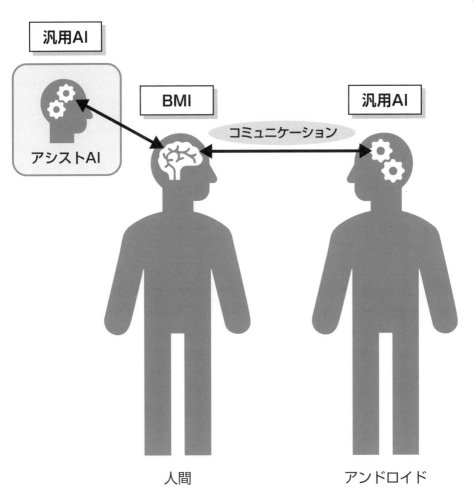

汎用AI

アシストAI

BMI

コミュニケーション

汎用AI

人間

アンドロイド

メタバースとの共存

🅰 メタバース社会のなかで生活するようになる!?

　メタバース（Metaverse）とは、仮想現実（ＶＲ）、拡張現実（ＡＲ）、人工知能（ＡＩ）などの技術を統合して構築された仮想空間の総称のことです。

　これは、現実世界とは異なるデジタル的な世界のことであり、人々が仮想的な空間で対話し、活動し、創造的な活動を行なうことを可能にしています。

　メタバースには、リアルな社会や経済構造を模倣するものから、ファンタジーの世界や仮想的な創造物に焦点を当てるものまで、多岐にわたるものが存在します。

　この新しいデジタル空間では、仮想通貨やブロックチェーン技術などが取り入れられ、デジタル資産の取引や経済活動が行なわれることもあります。

　そして、このメタバースの世界にも、アンドロイドの姿やキャラクターなどとして、多数の汎用ＡＩが存在することになるでしょう。その汎用ＡＩともＢＭＩにより、直接、コミュニケーションができるでしょう。

　つまり、私たちは近い将来、現実の社会である超スマート社会とメタバース社会との２つの種類の社会で生活をすることになるかもしれません。

　まさに映画のマトリックスのような世界が現実になり、どちらが本当の社会なのか、区別がつかなくなるような時代が到来してしまうかもしれません。

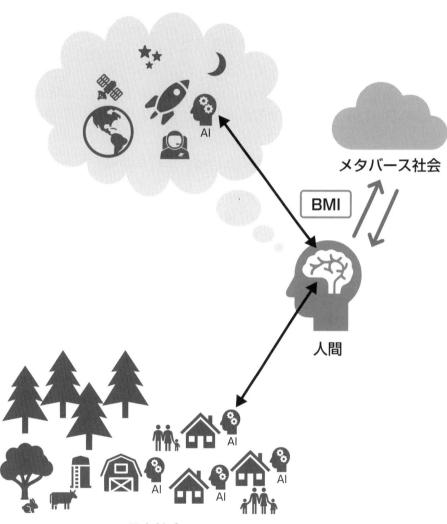

メタバース社会

BMI

人間

現実社会

BMIによるQOL向上

(AI) 障害などに対してもBMIを活用できる

これまでにも述べてきましたが、ブレイン・マシン・インターフェイス（Brain Machine Interface：BMI）とは、脳と外部のコンピュータや機械との直接的な通信を可能にする技術やシステムのことです。

この項では、BMIについての概要説明と実用化されたときの主な活用分野を予測してみたいと思います。

まずBMIは、以下のような手法、機能に分類されます。

【BMIの手法】

①侵襲的（脳に電極を埋め込んで脳波を読み取る）

②非侵襲的（頭皮上から脳波を読み取る）

【BMIの機能】

①脳の活動を読み取る　　②脳に情報を伝達する

侵襲的BMIは、主に医療分野で使用され、身体機能の回復・代替・補完や精神・神経疾患の予防・診断・治療などに活用されます。一方、非侵襲的BMIは、主に産業分野で使用され、コンピュータやロボットなどを操作するために活用されます。しかし、効率面から最終的には、チップを脳などに埋め込む侵襲的BMIを装着し、あらゆる分野に活用されるようになると推測されます。

人間のQOL（Quality Of Life：生活の質）の向上という側面から、生まれつき、事故、疾病による身体障害や精神・神経疾患に対するBMIの活用が考えられます。具体的な活用例として、BMIによる重度の麻痺に対するリハビリ促進、機能回

◎BMIの概要◎

侵襲的BMI

人間

非侵襲的BMI

人間

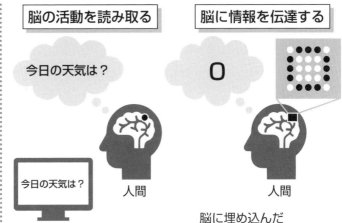

脳の活動を読み取る

今日の天気は？

今日の天気は？

人間

脳に電極を埋め込み、
取得した脳波をAIが解析し、
テキスト化する

脳に情報を伝達する

0

人間

脳に埋め込んだ
マトリックス状電極に
数字型の電気刺激を送ると
人間が数字を認識する

復、ＢＭＩで動かせる意思疎通を可能にするコミュニケーショ
ンツール、ロボット義手・義足やパワーアシストスーツなど、
さまざまなアプローチが考えられます。

　最終的には、たとえば人間の失われた機能を、感覚のある人
工皮膚装着の義手・義足、義眼などの各種機械（頭脳としてA
Ｉが組み込まれます）で代替・補完し、ＢＭＩで操作できるよ
うになるでしょう。たとえば、事故で重い障害を負ったとして
も、半分人間、半分機械のサイボーグ化が可能になり、十分に
健常人と同じような生活が送れる時代がくるかもしれません。

　昔になりますが、1970年代に米国のテレビドラマで、「600万
ドルの男（The Six Million Dollar Man）」や「地上最強の美女
バイオニック・ジェミー（The Bionic Woman）」という番組
がありましたが、内容はまさにそのサイボーグ化のストーリー
そのものですね。

脳とAIの融合

 新しい知識や能力を生み出すことをめざす

　将来、実現化されるであろう、人間の脳とAIとの融合について考えてみます。

　人間の脳とAIの融合に関する取り組みは、人間の脳と人工知能システムを相互に統合し、新しい知識や能力を生み出すことをめざしています。

　この目的には、以下のようなものがあります。

①**知能の向上**

　人間の脳の機能とAIの機能を組み合わせることで、より高度な問題解決や学習能力を実現することをめざしています。

②**疾患の治療**

　脳に障害をもつ人々の治療やリハビリテーションにAIを活用し、機能を回復させることをめざしています。

③**コミュニケーションの向上**

　言語障害や身体障害をもつ人々が、コミュニケーションを改善するための手段として、脳とAIを融合させる取り組みがあります。

　具体的な手法としては、脳からの各種信号（脳波、神経活動、筋電図など）を読み取り、それをAIに送信して解析し、脳にフィードバックをすること、逆に、AIが生成した情報を脳に送信することで、視覚や聴覚を拡張したり、新しい情報を学習したりすることなどが考えられます。

　脳とAIの融合により、人間のパフォーマンスが向上し、よ

◎人間の脳とＡＩが融合すると…◎

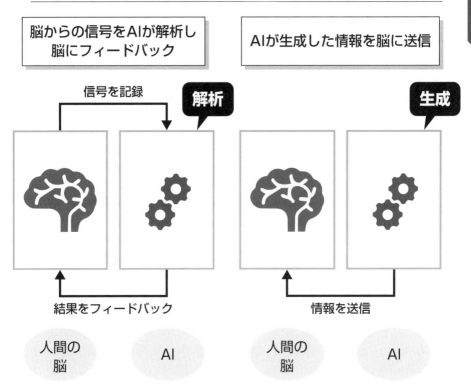

脳からの信号をAIが解析し脳にフィードバック

AIが生成した情報を脳に送信

信号を記録

解析

生成

結果をフィードバック

情報を送信

人間の脳

AI

人間の脳

AI

り高度な認知能力や問題解決能力が実現されることと、脳障害や神経疾患の治療法が進歩し、患者の生活の質が向上する可能性があります。

　ＳＦの世界ではありませんが、人類が新たな次元にステップアップするきっかけになるのかもしれません。

おわりに

　最後までお読みいただき、ありがとうございます。

　これまでＡＩの知識がなかった方には、ＡＩの定義や歴史などの基礎知識、応用例、将来性、基本技術、最近話題の生成ＡＩ、そしてChatGPTができること、社内業務への活用分野など、幅広い情報と業務への活用のヒントを得ていただけたのではないでしょうか。

　また、すでにＡＩの知識がある程度ある方にも、パターン認識から生成ＡＩまでの技術の流れや、主要な技術とその内容について、理解を深めていただけたのではないでしょうか。

　これまでは、ＡＩは、難解で理解できないもの、自分には直接関係のないものと考えられていたかもしれません。

　たしかに、機械学習やディープラーニングまでは、ＡＩを利用するためには専門的な知識が必要でした。

　しかし、大規模言語モデルが開発され、生成ＡＩが登場したことで、状況は一変し、専門的な知識がなくてもＡＩを活用できるようになりました。

　読者の皆さまには、これから起こるであろうＡＩによる社会変革に対して、積極的にＡＩを活用することで対応・適応していただくことを願っています。

　そして、本書が皆さまの未来を豊かで幸せなものにするために、少しでもお役に立てれば、これほどうれしいことはありません。

　なお、私は子供のころからＳＦが大好きでしたので、本書の章末コラムは、ＳＦのテレビドラマや映画を題材にして書いてみました。ただし、読書は大嫌いだったので、小学校・中学校

では、ほとんど本を読んだことはありませんでした。

　私が本を読むようになったのは、高校生のときからで、その
キッカケもＳＦでした。ドイツのＳＦに『宇宙英雄ペリー・ロ
ーダン』という、世界最長のＳＦ小説があります。何のキッカ
ケでペリー・ローダンを知ったのか思い出せないのですが、当
時、ハヤカワＳＦ文庫で松谷健二氏が翻訳を担当して、定期的
に出版がされ始めた頃でした。あれほど読書が嫌いだった私が、
次の本が早く出版されないかと心待ちにしていたことを思い出
します。

　ペリー・ローダンをキッカケに、アイザック・アシモフ『銀
河帝国の興亡』（ファウンデーションシリーズ）、アーサー・Ｃ・
クラーク『地球幼年期の終わり』、ロバート・Ａ・ハインライ
ン『宇宙の戦士』、Ｋ.Ｈ.シェール『宇宙船ピュルスの人々』
など、いわゆるスペースオペラを中心に多くのＳＦ小説を読み
ました。さらに、小松左京、星新一、豊田有恒、筒井康隆、半
村良、平井和正、光瀬龍など、日本のＳＦ作家の本も読むよう
になりました。

　ＳＦは、私に読書の楽しさを教えてくれて、読書という私に
とっては新しい世界への扉を開いてくれました。そして、それ
がいまも続いていて、本書を執筆するようになったといっても
過言ではありません。

　最後に、本書を発刊するにあたり、構成などに関してご助言
をいただいた一般社団法人 城西コンサルタントグループの神
谷俊彦氏、および編集・制作に携わった株式会社アニモ出版の
小林良彦氏と関係者の皆さまに感謝申し上げます。

佐々 裕一

【参考文献】

「The Perceptron：A Probabilistic Model for Information Storage and Organization in The Brain」(1958) by F.Rosenblatt

佐々裕一（ささ　ひろかず）

静岡県出身。1981年に信州大学工学部情報工学科を卒業し、東京エレクトロン株式会社（ＴＥＬ）に入社。その後、ＴＥＬをスピンアウトし、仲間と共に半導体・電子機器の設計・テスト・解析サービス会社を経営。これまでの経営経験・知識をもとに中小企業・小規模事業者・ベンチャー企業の支援をすることができたらとの思いから、2018年４月に中小企業診断士登録。

＜技術の専門分野＞
①コンピュータのハードウェア・ソフトウェア分野
　（ＩＴ、ＩＣＴ、ＡＩ、ＤＸなど）
②半導体・電子機器の設計、テスト、解析分野
　（ＣＡＤ／ＣＡＭ／ＣＡＥ、テストシステム、解析装置など）

＜保有資格＞
①中小企業診断士（経済産業省）
②Ｍ＆Ａシニアエキスパート（一般社団法人　金融財政事情研究会）
③第１級陸上特殊無線技士、第４級アマチュア無線技士（総務省）
④測量士補（国土地理院）

＜著者のホームページ（夢と技術の経営研究所）＞
https://www.yumegi.com/

いまさら他人に聞けない！
図解でわかるＡＩ　いちばん最初に読む本

2024年6月15日　初版発行

著　者　佐々裕一

発行者　吉溪慎太郎

発行所　株式会社アニモ出版

　〒162-0832 東京都新宿区岩戸町12 レベッカビル
　TEL 03(5206)8505　FAX 03(6265)0130
　http://www.animo-pub.co.jp/

©H.Sasa 2024　ISBN978-4-89795-286-4
印刷・製本：壮光舎印刷　Printed in Japan

落丁・乱丁本は、小社送料負担にてお取り替えいたします。
本書の内容についてのお問い合わせは、書面かFAXにてお願いいたします。

アニモ出版 わかりやすくて・すぐに役立つ実用書

図解でわかるDX
いちばん最初に読む本

神谷 俊彦 編著　定価 1760円

新しいビジネスモデルである「デジタルトランスフォーメーション」の基礎知識から、DXの戦略的活用法・人材育成のしかたまで、知識のない人でも図解でやさしく理解できる本。

部門別に活かす
DX戦略のつくり方・すすめ方＜実践編＞

神谷 俊彦 編著　定価 2200円

生産性向上、業務改善のためには戦略的なDX化の推進・実践が欠かせない。営業部門などの「業務DX」を実現して成果を上げるためのヒントとテクニックをやさしく解説する本。

図解でわかる
マーケティングの基本としくみ

野上 眞一 著　定価 1650円

会社で働く人に必須の基礎知識から、仕事に役立つ分析手法や戦略まで、初めての人でも図解でやさしく理解できる。デジタルマーケティングの基礎知識も織り込んだ超・入門書。

意外に知らない?!
最新 働き方のルールブック

寺島 有紀 編著・大川 麻美 著　定価 1980円

最近、急激に変わっている労働関連法の改正内容などを整理して、新しい働き方のルールをコンパクトに解説。1項目＝2ページだから、困ったときにもパッと理解できて便利な本。

定価変更の場合はご了承ください。